公的オンブズマンの存在意義と制度設計

土屋英雄

花伝社

公的オンブズマンの存在意義と制度設計◆目次

はしがき

公的オンブズマンの制度は、二〇世紀に入ってから、とりわけ第二次大戦後において、世界諸国へ広まってきている。これは、主として二〇世紀以降、急速に肥大化してきた行政の権力、行政官僚の権限に対する監視の必要性が強く認識されるようになってきたことによる。「権力は腐敗する傾向がある、絶対的権力は絶対的に腐敗する」（ジョン・アクトン『マンデル・クライトンへの手紙』一八八七年）という言葉は、歴史上の経験則として現代でも基本的に妥当する。中央の権力であろうと地方の権力であろうと、本質的には違いはない。

日本ではこれまで、地方の権限の拡大・強化へ向けての自治体改革が志向されてきたし、今でも志向されている。しかし、その自治体改革の議論では、拡大・強化された権限に対する監視という視点が欠けている。中央と同様に地方の権力についても、権限の拡大・強化のみでは極めて危うい。重大な落し穴となる可能性がある。そもそも、今日まで地方の行政権力、行政官僚に対する監視システムはあまりにも脆弱であった。監視システムの再構築が要求されている。

地方の行政権力、行政官僚に対する監視システムが日本において存在しなかったわけではない。その一つは、中央による地方に対する後見人的な監視システムである。いわば中央集権的な監視システムである。しかし、このシステムは実際には、自治体行政を有効に監視するようには、ほとんど作用してこなかったことがすでに明らかになっている。

北海道夕張市は、六〇〇億円超の負債をかかえて、二〇〇七年に財政破綻した。この破綻について、総務省は我関せずを決め込んでいるが、実は、破綻の裏には総務省が存在していた。このことに関して、元鳥取県知事の片山善博氏は、「総務省による後見システム」の結果、夕張市は破綻したとして、次のように述べる。「全自治体の監視人かつ管財人のようなポジション」をもつ総務省こそが今までの自治体の財政破綻の「原因者であり責任者でもある。『単独事業をやれ、公共事業をやれ』と言って、地方債をどんどん発行させておいて、その代表選手である夕張市が破綻した。だったら本当は総務省が頭を丸めて責任を取らなければならない。ところが、逆に断罪者になっている」（地域主権研究会『日本を元気にする地域主権』ＰＨＰ研究所、二〇〇八年）。有能を「自認」する中央官僚の言うことを聞くと、自治体の住民の生活が破壊されるという典型的な例の一つが夕張市であった。

中央による後見人的な監視システムが機能不全に陥っていることは、現在、否定しようがない。そもそも、地方行政を中央行政が監視するという観点が地方自治の理念に根底から反している。しかし、このことは、地方の行政権力、行政官僚に対する監視システムそれ自体が不必要であることを全く意味しない。これまでも必要であったし、これからも必要である。むしろ、今後の自治体改革にともなう地方の権限の拡大・強化は、それらの権限行使に対するこれまで以上の強力な監視システムを要求する。地方自治体を「地方政府」と位置づけようとするならば、なおさらそうである。そして、自治の理念からして、この監視システムは地方の現場において構築されなければならない。かつ、そのシステムは「有効」なものでなければならない。

地方の現場での現行の監視システムとして、一般的には、主として地方議会と監査委員制度がある。しかし、地方議会、監査委員制度による行政に対する監視システムがこれまで有効に働いてこなかったことは、今日、常識に近くなっている。また、一部の自治体では、公的オンブズマンの制度が設置されている。だが、この「現行」の公的オンブズマンの制度も監視システムとしては必ずしも期待通りには機能していない。なぜか。本書は、その理由および公的オンブズマン制度の監視システムとしての有効化のための制度設計を考察するものである。あわせて、本書は、公的オンブズマン制度の有効化の制度設計と関連づけて、自治体での監査委員制度のあり方についても検討している。自治体における公的オンブズマン制度と監査委員制度の有効化は、市民の意思に沿って自治体行政を透明化かつ活性化する決定的な方策の一つである。

なお、地方議会のあり方については、本書で論及する余裕がないので、この課題は別の機会に論じることにする。

筆者は、二〇〇六年四月一日から二〇一〇年三月三一日までの四年間、「つくば市オンブズマン」を務めた。一期は二年で、一期にかぎり再任可能なので、二期四年で任期満了となる。つくば市オンブズマンの定員は二人であるが、事案の処理は各オンブズマンが独立して行う。この意味で、つくば市オンブズマンは独任制である。

つくば市で公的なオンブズマン制度が始動したのは二〇〇二年四月である。つくば市でのオンブズマン制度の導入の検討は、御多分にもれず、首長の不祥事を契機とした。一九九六年、つくば市長選現金買収事件で当時の現職市長の逮捕、辞職のあとに行われた出直し選挙で当選した新市長は、行政を監視するためのオンブズマン制度の設置を提唱した。紆余曲折を経て、二〇〇二年に実際に設置されたが、以来、今日まで八年以上が経過したことになる。

筆者は実践を通して、公的オンブズマンの存在意義は十分あると考えるが、しかし、現行のままでは、つくば市のオンブズマン制度の前途は決して楽観できるものではない。制度の再設計が必要なのは、つくば市も同様である。

第1章　公的オンブズマンとは

一　オンブズマンの沿革

オンブズマン（Ombudsman）の制度は、由来的には一九世紀初頭（一八〇九年）のスウェーデンに発する。オンブズマンの用語自体は代理人を意味するが、オンブズマンの制度は、当時、行政機関および官公吏を監視するために「議会の代理人」として憲法上で設置されたものである。その後、この制度は紆余曲折を経て、今日までにヨーロッパ、南北アメリカ、オセアニア、アジア、アフリカへと広がり、現在では、世界で一〇〇以上の国・地域でオンブズマンが設置されているとされる（総務省行政評価局行政相談課『アジアにおけるオンブズマン制度と我が国の行政相談制度との比較調査研究結果報告書』二〇〇二年参照）。

オンブズマン制度の世界諸国への普及は、第二次世界大戦後とりわけ一九七〇年以後に目立ってきたが、この理由としては、諸国における行政機構の拡大及び行政過程の複雑化、専門化が顕著になってきたにもかかわらず、これに対する議会による統制が十分でなかったこと、また、行政の肥大化によって国民の権利利益が脅かされる可能性も増大してきたが、このような事態に対処しうるだけの救済制度が十分に整っていなかったこと、さらに、官僚主導による行政運営あるいは公務員に対する国民の不信感が募ったこと等が考えられる（佐藤英世「わが国のオンブズマン制度の諸問題（一）」『産大法学』三〇巻二号参照）。

オンブズマンは発祥的には当初から「公的」な性格のものであったが（その後、私的オンブズマンも出て来ている）、日本では、民間のいわゆる「市民オンブズマン」（私的オンブズマン、民間型オンブズマン）の結成のほうが、公的オンブズマンの設置よりも時期的に早かった。

日本で最初に「市民オンブズマン」と称したのは、一九八〇年一二月に大阪で結成された団体である。その結成趣意書はこう述べている。「諸外国ではオンブズマンは、公務員として任免されていますが、わたしたちは、そうした法律や行政組織に頼るわけにはいきません。わが国には行政管理庁がありますが、この制度が官僚制度に包絡され何一つとして有効な働きをしていません。そこで市民によるオンブズマンを創設しようと考えている次第であります」（全国市民オンブズマン連絡会議編『日本を洗濯する―自治体を市民の手にとりもどす方法―』教育資料出版会、一九九八年)。

二〇〇九年一一月現在、全国で八五の団体が民間の「全国市民オンブズマン連絡会議」に加盟しているが、この数字は、自治体の公的オンブズマンの数の倍以上である。

市民オンブズマンに対しては、その功績には一定の評価をしつつも、かれらの「告発的な態度には不快感をしめす市民も多くみられる」という指摘がある(林屋礼二『オンブズマン制度―日本の行政と公的オンブズマン―』岩波書店、二〇〇二年)。しかし、市民オンブズマンの実践者たちからすれば、半端な追及では行政機関は容易に誤り等を認めようとしないという思いが強いかもしれない。ごく少数の「自称オンブズマン」の言動は問題あるにしても、民主主義の「抽象的な実現」ではなく、「普通の市民が現場から声をあげること」を重視する市民オンブズマンの視点(辻公雄『実践的市民主権論―市民の視点とオンブズマン活動―』花伝社、一九九八年)は、市民の自立性がいまだ強くない日本の土壌において、今後とも大事にされるべきであろう。

一九世紀末にドイツの法学者のイェーリングが著わした『権利のための闘争』の理念――臆病、不精、怠惰によって漫然と不法を甘受する態度の拒否――は、行政との関係でまさに市民が身につけなければならないものである。さもなければ、行政が恩恵的となり、市民がかりにこのことで利益を受けることがあっても、市民自体は恩恵に頼る感覚になじんでしまい、自立した市民感覚を養うことができない。こういう状態で、「市民主権」、「住民主権」を語っても、絵に描いた餅である。

筆者は、市民オンブズマンの仕事を評価するにしても、公的オンブズマンは、後述するように、市民オンブズマンとは異なった存在形態と方法でもって、市民オンブズマンには不可能な重要な仕事を行うことができると考える。同時にまた、既存の制度に一定の改革を行った上で、公的オンブズマンの制度を全国に積極的に普及させるべきと考える。

自治体において最初に公設のオンブズマンが設置されたのは一九九〇年である。この公設のオンブズマンは、民間の私的オンブズマンと区別して「公的オンブズマン」と呼ばれたり、または中央ではなく地方自治体の設置に着目して「自治体オンブズマン」と呼ばれたりしている。

本書では、「公的」を冠するか否かに関係なく、特に断らないかぎり、オンブズマンは公的な性格を有するそれを指すことにする。

なお、オンブズマンの呼称については、市民の混乱を避けるために、民間の「市民オンブズマン」をオンブズマンのカテゴリーに入れるべきではないという意見もある(宇都宮深志陳述「第一五九回国会・憲法調査会統治機構のあり方に関する調査委員会第二号」二〇〇四年三月一一日)。これは、市民オンブズマンの重要な役割を評価した上で述べられたものであるが、市民の間での呼称上の混乱は、筆者自身の公的オンブズマンの経験から実際に見聞きしている。この問題は、公的オンブズマンの呼称も含めて、今後、検討されるべき課題の一つであろう。

二　日本での公的オンブズマンの導入の契機

日本で公的なオンブズマン制度が注目を集めるようになったのは、いわゆるロッキード汚職事件を契機としている。大平正芳内閣総理大臣の私的諮問機関「航空機疑惑問題等の防止対策に関する協議会」は、一九七九年九月、オンブズマン制度の検討の必要があるとの意見があったことを提言のなかで明らかにし、その翌年に、当時の行政管理庁(現在、総務省)に設置されたオンブズマン制度研究会は、一九八六年六月、「基本的には、オンブズマン的機能の導入を図るべきである」とする最終報告を出した。しかし、その後今日まで、中央ではオンブズマン制度は実現されていない。

中央では頓挫したままであるが、オンブズマン制度は、地方の自治体で導入されるようになった。その最初が一九九〇年の川崎市の「市民オンブズマン」の制度である。これは名称上、民間のオンブズマンと混同されやすいが、「公的」なオンブズマンである。この点はともかく、川崎市のオンブズマン制度の設置も汚職事件を契機としていた。助役のいわゆるリクルート疑惑事件である。

深刻な汚職事件が起きると、中央でも地方でも行政に対する厳正な監視機関の存在の必要性が叫ばれるが、時の経過とともに改革の熱意が薄らいでいく。それでも、地方は中央と比べて動きやすいので、自治体の首長の意思の強さによって改革が実現される場合がある。自治体オンブズマン制度の誕生は、まさにそうであった。

しかし、自治体オンブズマン制度は誕生はしたものの、前途は厳しい。その制度は市民が期待したほどには役割を果たしておらず、自治体によっては、設置していたオンブズマン制度を廃止した例もいくつか出てきている。たとえば、宮城県では、一九九三年の知事のゼネコン汚職、食糧費不適正支出、官官接待等の発覚を契機として、一九九六年に宮城県県政オンブズマン制度が導入された。しかし、この制度は二〇〇八年に廃止され、宮城県でのオンブズマン制度はその短い歴史を閉じた。

オンブズマンの制度の必要性が減少したのかというと、決してそうではない。全国的に自治体における公金の不正ないし不当な支出・使用の事例は後を絶たず、公務員の不祥事も少なくない。たとえば、二〇〇八年度に発覚した地方公務員が関係する汚職事件は一五六件、延べ一六四人であり、この内訳は首長七人、議員一人、一般職一五二人だった（毎日新聞二〇一〇年一月三日）。つい最近でも、後期高齢者医療制度の運営方法との関連で、二〇一〇年二月二日、福岡県の前副知事と全国町村会会長の福岡県添田町長がそれぞれ収賄容疑と贈賄容疑で逮捕された。

また、会計検査院が二〇〇八年、無作為に対象とした全国一二道府県で国からの補助金が使われている事業を調査したところ、これら一二都道府県すべてにおいて約五億円の不正経理が見つかった。この後、共同通信社が全国の道府県を対象に調査してみると、二二道府県において、国の補助や自治体単独の事業で約三四億円の不正経理が明らかとなった（二〇〇九年三月一五日）。その後も、市のレベルも含む自治体での不正経理が次々と明らかになっている。二〇一〇年七月一三日、総務省は、農林水産省等の一二省庁が所管する二〇〇六〜二〇〇八年度の予算や補助金のうち、約二〇億六〇〇〇万円の不正経理があったと発表し、このなかの五七％にあたる一一億七〇〇〇万円が、補助金を使った自治体による不正経理であった。

警察も例外ではない。たとえば、神奈川県警では、二〇〇三〜二〇〇八年度に約一四億円の不正経理があった（二〇一〇年二月五日、同県警が発表）。

汚職事件、不正経理までいかなくても、行政の不透明性、非効率性、市民の権利の侵害、説明責任の無視、対応の不適切さは相変わらずである。こうした状況に有効かつ迅速に対処することができる公的オンブズマンの制度の必要性は、決して弱くはない。

三　オンブズマンの類型

公的なオンブズマンは、類別的には以下のように区分される。
(1)　中央に設置されるか地方に設置されるかによって、「国家オンブズマン」（中央オンブズマン、国政オンブズマン）と「自治体オンブズマン」（地方オンブズマン）に区分される。日本では、自治体オンブズマンのみが存在する。これらのほか、「国際オンブズマン」も類型の一つとしてあげられ得る。国際オンブズマンの例として、欧州憲法条約に基づいて設置されている欧州オンブズマンがあるが、これはより正確には欧州の地域オンブズマンである。
(2)　オンブズマンの管轄対象が広く行政一般なのか、行政の中の特定の分野なのかによって、「一般オンブズマン（総合オンブズマン）」と「特殊オンブズマン（部門オンブズマン）」に区分される。日本では、一般オンブズマンと特殊オンブズマンの両方が存在する。

(3) オンブズマンが広く議会の範疇内での設置か、広く行政の範疇内での設置かによって、「議会型オンブズマン」と「行政型オンブズマン」に区分される。日本では、自治体において行政型オンブズマンのみが存在する。自治体の首長が議会の同意を経てオンブズマンを選任する場合も、類型的には行政型オンブズマンの範疇に含まれる。

(4) オンブズマンの権限が広く行政監視一般に及ぶのか、市民の具体的な苦情の処理に限定されるのかによって、「行政監視型オンブズマン」と「苦情処理型オンブズマン」に区分される。日本では、行政監視型オンブズマンは存在せず、苦情処理型オンブズマンか、または運用の仕方で行政監視的にも機能し得る苦情処理型オンブズマンが存在する。

苦情処理型オンブズマンの類型は、苦情の申立てをした者の自己の利害にかかわる苦情のみを処理する権限を有する場合を指し、行政監視的にも機能し得る苦情処理型オンブズマンは、オンブズマンが具体的な苦情を処理する権限を有するほかに、オンブズマンが自己の発意で市の機関の業務の執行について調査する権限を有し、必要であれば意見ないし勧告を出すことができる場合を指す。しかし、この権限を認めている制度を有している自治体においても、オンブズマンが当該権限を行使することはほとんどない。また、かりにオンブズマンが当該権限を行使しても、その行政監視の趣旨を行政に生かすかどうかは当該自治体の首長の意思次第である。この問題は、本書の第3章でやや詳しく論じる。

オンブズマンの機能として、行政監視機能と苦情処理機能のほかに、行政改善機能もあげられ得るが、行政改善機能は行政監視機能と苦情処理機能のいずれともつながり得るものであり、行政改善機能はそれ自体で独立した機能としてでなく、むしろ付随的機能と考えるのが妥当であろう。もっとも、行政監視機能は通常、行政改善機能をともなうが、苦情処理機能はそのままでは行政改善機能へとつながらず、苦情処理機能を行政改善機能へつなげるには、オンブズマンと行政の両方において、意思、能力、行動が必要である。

日本のオンブズマン制度においては、名称について、「オンブズマン」を用いているのが比較的多いが、その他、「オンブズパーソン」、「苦情審査委員」、「苦情審査員」、「苦情処理委員」、「苦情調整委員」、「行政相談委員」、「行政相談員」等を用いている自治体が存在する。これらのうち、オンブズパーソンの名称は、オンブズマンという用語に対する批判を含意しているが、オンブズマンの由来語たるスウェーデン語では男女とも「マン」であるので、オンブズパーソンへの言い換えは必要ないという見解もある。また、アメリカ法律家協会（American Bar Association=ABA）が作成した「オンブズ職の設置と運営のための基準（Standards for the Establishment and Operation of Ombuds Offices）」（二〇〇四年二月）は、「オンブズ」という用語に、オンブズパーソン、オンブズ・オフィサー、オンブズマンを含ませている。

市民にとっては、名称より内容が重要であるので、特定の名称にさほどこだわる必要はないにしても、その用語が本来含意していた趣旨および歴史的意義を重視するとすれば、比較的にはオンブズマンの名称が妥当であろう。また、邦語を用いるとすれば、監視委員、行政監視委員、行政監視員等、「監視」を入れた名称が考えられてよい。

他方、一部の自治体が用いている「苦情調整委員」、「行政相談委員」、「行政相談員」等の制度は、それらが名実ともに「調整」、「相談」のレベルのものであれば、それらの制度をオンブズマンの範囲内で扱うことは妥当とは思われない。

なお、市民からの自治体首長への手紙（メール）、市民モニター、パブリックコメント、行政と自治会（町内会）の懇談会等のいわゆる「公聴制度」は市民の要望等を行政へ反映させるのに一定の有効性を有しているが、行政機関と距離を置いて公正に行政を監視する機能を全く有しておらず、公聴制度は、基本的には行政と一体的に行政機関内部において、市民の要望等に対応する制度である。

四　総務省の「行政相談委員」はオンブズマンか

1　日本型オンブズマン?

日本のオンブズマン制度との関連では、総務省の管轄下の「行政相談委員」制度をいかに位置づけるかが問題となる。総務省は、「行政相談委員」制度を「オンブズマン的な役割」(「日本型オンブズマン」)を果たしているとみなしている。実際、総務省行政評価局が作成した『行政相談制度・行政相談委員制度の概要』(二〇〇八年一二月)には、「総務省の行政相談制度は、行政相談委員と行政苦情救済推進会議、更には行政評価・監視機能とも連携しつつ、これらが一体的に運用されており、内外から、諸外国におけるオンブズマンと同様の機能を果たしているとの評価も受けている」と記されている。

総務省(当時、総務庁)は一九九三年、国際オンブズマン協会に加盟し、また、行政相談委員の全国的組織体である全国行政相談委員連合協議会は一九九四年六月、総務庁等と共催で、世界九か国のオンブズマンを東京へ招いて、オンブズマン・行政相談に関する国際シンポジウムを開催した。さらに、全国行政相談委員連合協議会は、一九九五年五月、国際オンブズマン協会に準会員として加盟し、国際オンブズマン協会総会、アジアオンブズマン会議、オーストラリア・太平洋地域オンブズマン会議に出席している。
なお、総務省行政評価局が設立に参画し、かつ加盟しているアジアオンブズマン協会は、二〇一一年度にアジアオンブズマン会議を日本で開催する予定である。

現行の行政相談委員の前身は、一九六一年、行政苦情相談協力委員規則（訓令第一号、一九六〇年）に基づいて全国に配置された行政苦情相談協力委員であり、翌年、これは行政相談委員に改称され、そして、一九六六年に制定された行政相談委員法に基づいて行政相談委員の制度が設置され、現在に至っている。

行政相談委員は、総務大臣によって委嘱され、現在、約五〇〇〇人が全国に配置され、無報酬のボランティアとして活動しているが、業務の遂行にあたり支出した経費については、実費弁償金が支給されている。二〇〇八年度の行政相談関係予算は約五億四〇〇〇万円であるが、このうち約三億円が行政相談委員実費弁償金であった。全国行政相談委員連合協議会は、定期広報誌『季刊行政相談』を発行している。

行政相談委員の仕事は、国の行政機関等の「業務に関する苦情の相談に応じて、総務大臣の定めるところに従い、申出人に必要な助言をし、及び総務省又は当該関係行政機関等にその苦情を通知すること」、および「通知をした苦情に関して、行政機関等の照会に応じ、及び必要があると認める場合に当該行政機関等における処理の結果を申出人に通知すること」にすぎない。行政相談委員は、それ独自に、「行政監視」の権限も「苦情処理」の権限も有していない。要するに、行政相談委員はいわば「相談窓口」に類する存在である。

行政相談委員は、「総務大臣に対して、業務の遂行を通じて得られた行政運営の改善に関する意見を述べることができる」が、それにとどまる。他方、総務大臣は、行政相談委員に対し、その業務に関して「指導」をする権限を有している。

このような内容の行政相談委員の制度をオンブズマン制度に準じた扱いをすることは、行政相談委員とオンブズマンの両制度に関する誤った知識を日本の内外に広めることになる。オンブズマンの範疇を際限もなく拡大することは、定義の問題を超えており、こういうオンブズマンの「見せかけ」は有害無益である。「日本型オンブズマン」の呼び方も含めて、行政相談委員の制度にオンブズマンに類する呼称を冠することはやめるべきであろう。

2 行政の自己正当化

一九九四年六月、東京で国際シンポジウム「オンブズマン・行政相談・行政手続―公正、透明で信頼される行政を目指して―」が開催されたが、そこにおいて、日本側は、行政相談制度は日本型オンブズマンと呼ぶことができるとして、次のような発言をしている。

「日本では、現行の行政相談制度が十分機能している。例えば、行政苦情救済推進会議は、必ずしも行政から独立していないが、専門的な立場、あるいは健全な市民感覚を考慮し、自由に討議することにより苦情の解決に役立っており、行政相談委員の活動ともリンクしている。どのように機能するかが重要であり、独立性はそれほど心配ではない」

「日本は、対立や論争を好まず、和を尊しとする国民性に沿って、話合いで解決してきている。国民の声を十分吸い上げてこれを行政に反映させている。日本型オンブズマンはそういう中で十分機能している」（衆議院憲法調査会事務局『「人権擁護委員会その他の準司法機関・オンブズマン制度」に関する基礎的資料』二〇〇四年）

これらの発言は、いったいどこの牧歌的な共同体社会を念頭に置いているのか知らないが、行政権力側に極度に都合のいい見解である。行政側が「国民の声を十分吸い上げてこれを行政に反映させている」と主張する論は、「健全な市民感覚」とは何ら関係がない。こういう上から目線で自己を正当化する行政感覚を根底から改めさせるためにも、本来的な行政監視型の公的オンブズマンが必要であろう。

元最高裁判事の園部逸夫氏は、次のように論じる。「行政は、本来束縛を嫌い、批判を嫌う。しかし、人間の活動は、束縛と批判の中から多くの成果を挙げてきた。束縛と批判に堪えて生き抜いた成果を今日われわれは文明として享受している。批判を受けない野放図な行政の成果は荒廃あるのみである。われわれはわれわれの子孫のためにも良い行政を運行させなければならない。オンブズマンという監視機構はそのための装置である」(『オンブズマン法』一九八九年、弘文堂)。この趣旨でいえば、自己正当化する行政は荒廃あるのみである。オンブズマンの制度は行政に自己正当化させないためのシステムである。

3　総務省と自治体オンブズマンの関係

日本での自治体の公的オンブズマンのほとんどが加入している「全国行政苦情救済・オンブズマン制度連絡会」は、例年、総務省(旧総務庁)において全国会議を開催しているが、このことは、自治体オンブズマンの独立性との関係において、好ましいとは思われない。この連絡会の設立に関わった林屋礼二氏(宮城県の当時の県政オンブズマン)は、その経緯について次のように明かしている(前出『オンブズマン制度—日本の行政と公的オンブズマン—』)。

一九九七年、仙台で自治体のオンブズマンの意見交換会が開催された際、「公的オンブズマンの連絡協議会的なものをつくるべきだとする意見がだされた。この点について、私は、オンブズマンが国や地方自治体より独立したものであることから考えると、そうした連絡協議会は自治体のオンブズマンが自治的につくるべきものと思っていたが、総務庁から、そのさいの世話をしてもよいとの意向がしめされ、また、自治体の事務局サイドからも、そうした会合に集まるときには国より声がかかったほうが旅費をだしやすいといった声もあったので、結局、総務庁の協力の下で、こうした連絡協議会を設けることとなった」。

林屋氏自身は問題を意識しているようだが、こうした連絡会のあり方は、やはり公的オンブズマンの独立性からして妥当ではない。本来的には、連絡会の全国会議は、開催場所は連絡会に加入している各自治体の持ち回りで、オンブズマン自身の主催で開催されるべきであろう。

第2章　各自治体の公的オンブズマンの始動、拡大、停滞

1　始動および拡大

日本の自治体における最初の公的オンブズマンは、川崎市市民オンブズマン条例（一九九〇年七月一一日公布、同年一一月一日施行）の制定とともに設置された。オンブズマン制度の設置の要望そのものは、一九八六年頃から川崎市民の中から出されていたが、実際の設置の直接的な動因となったのは、一九八八年の川崎市助役のリクルート疑惑事件である。

川崎市市民オンブズマン条例の「公布」の年月日は、日本の自治体で最初のものであるが、オンブズマン関係の条例で最初に「施行」されたのは、実は、中野区福祉サービスの適用に係る苦情の処理に関する条例（一九九〇年九月二九日公布、同年一〇月一日施行）であった。ただ、川崎市のオンブズマンは類型的には一般オンブズマンであるが、中野区のオンブズマンは

オンブズマン設置一覧

1992年	諫早市市政参与委員
1993年	新潟市行政評価委員会、鴻巣市オンブズマン
1995年	沖縄県行政オンブズマン、西尾市行政評価委員会、横浜市福祉調整員会
1996年	藤沢市オンブズマン、世田谷区保健福祉サービス苦情審査会、宮城県県政オンブズマン
1997年	高知県行政オンブズマン、川越市オンブズマン
1998年	新座市オンブズマン、川西市子どもの人権オンブズパーソン
1999年	御殿場市オンブズパーソン、山梨県行政苦情審査員、秋田県民行政相談員、北海道苦情審査委員、上尾市市政相談委員、新宿区区民の声委員会
2000年	枚方市福祉保健サービス苦情調整委員、吹田市福祉保健サービス苦情調整委員、三鷹市総合オンブズマン、府中市オンブズパーソン、多摩市福祉オンブズマン
2001年	日野市福祉オンブズパーソン、札幌市オンブズマン、函館市福祉サービス苦情処理委員、埼玉県美里町オンブズマン
2002年	つくば市オンブズマン、調布市オンブズマン、川崎市人権オンブズパーソン、富山市行政苦情オンブズマン
2003年	八女市総合オンブズパーソン、昭島市総合オンブズパーソン、上越市オンブズパーソン
2004年	北見市オンブズマン
2008年	北九州市保健福祉オンブズパーソン

福祉関係に特化した特殊オンブズマン(「中野区福祉サービス苦情調整委員」)である。

この後、表に記載の各制度がそれぞれ設置された。

2 停滞とその理由

これらの制度のうち、長崎県諫早市の市政参与委員は一九九七年に、高知県の行政オンブズマンは一九九九年に、埼玉県鴻巣市のオンブズマンは二〇〇三年に、宮城県の県政オンブズマンは二〇〇八年に、それぞれ廃止された。

日本での公的オンブズマンは、二〇〇九年、総務省で開催された「全国行政苦情救済・オンブズマン制度連絡会会議」で配付された資料に記載の同連絡会構成機関一覧によると、二〇〇九年一一月現在、三一の自治体に設置されている。ただし、同連絡会に加入していない自治体のオンブズマンもある。

県のレベルでは四自治体に設置され、これは全国の四七都道府県の約八・五％であり、市のレベルでは二七自治体に設置され、これは全国（二〇〇九年一一月現在）の一八指定都市、七六五市、二三特別区の計八〇六の自治体の約三・三％である。これら八・五％と三・三％の数字は、一九九〇年に日本で最初の公的なオンブズマン制度が設置されて以来、約二〇年間でのものである。一九九〇年代と二〇〇〇年代初頭はそれなりに設置の増加がみられたが、しかし近年はほぼ停滞状態になっている。最も新しく設置された二〇〇八年の北九州市保健福祉オンブズパーソンにしても、その設置は、同市でのそれまでの苛烈な生活保護行政により餓死・孤独死事件が三件も発覚したことを契機としており、特異な事例に属する。

オンブズマン制度の日本での普及について、かつては楽観的な見解もあり、「二一世紀にはオンブズマン制度の導入が地方において一層進行していくことが予想される」（宇都宮深志『公正と公開の行政学―オンブズマン制度と情報公開の新たな展開―』三嶺書房、二〇〇一年）とも語られていた。

また、川崎市のオンブズマン制度の導入のために設置された「川崎市市民オンブズマン制度研究委員会」の委員長を務めた篠原一氏は、同制度の設置時に次のように書いていた。「オンブズマンはどこの国の場合も、ひとたび制定されれば、廃止のうきめをみたケースはほとんどない。小さな政府を旨としているイギリスのサッチャー政権下でも、議会コミッショナーを廃止しようという話はきかれない。日本でオンブズマンが有名無実のものとなって、その廃止が論議されるようになったら、それは日本の政治にとって一つの恥辱とならざるをえないであろう」(「オンブズマン制度の出発」『ジュリスト』九六六号)。

しかし、先述のように、すでに二つの市、二つの県のオンブズマン制度が廃止された。これを日本の政治の「恥辱」とみなすかどうかはともかく、これらの廃止に象徴されるオンブズマン制度の停滞の理由は、地方自治法の範囲内で設置が許される公的オンブズマン制度の内容およびその制度の環境、より具体的には、①オンブズマンの設置について法律上の担保がなく、設置するか否か(設置後はその運用の仕方)は各自治体、特にその首長の意思と判断に決定的に依存していること、②自治体財政が逼迫化してきたこと、③オンブズマンの制度設計上でオンブズマンの独立性と権限が強くないのでその存在意義がさほど高いわけではないこと、④市民の間にオンブズマンに関する認識が広く普及していないこと等にあると考えられる。

これらのうち最も大きな理由は①の法律上の担保の欠如であり、②については、オンブズマン制度の重要性と必要性を認識すれば、不要不急の他の予算を縮減して、それをオンブズマン費に回すことは可能であり、そもそもオンブズマン費の額は比較的に小さい。③と④は①に付随し、④との関連では、自治体での汚職、公金の不正ないし不当な支出・使用等を契機としてオンブズマン制度が設置された場合、当初は、その自治体の市民の側にはオンブズマンに対する期待度はかなり高いが、しかし現実に設置されるオンブズマンの制度は、その設計上、自治体での汚職、公金の不正ないし不当な支出・使用等に的確に対処できるようにはなっていない。とりわけ苦情処理型オンブズマンの場合は、そうである。行政監視的要素を加味した苦情処理型オンブズマンにしても、総じて独立性と権限は強くないので、上述のような問題の防止はおろか、行政の是正でさえも容易ではない。この実態を知れば、市民の側の当初の期待度も当然に低くなってくる。こうした意味でも、③と④の帰趨は、主に①に依存する。

こうした現状を踏まえ、オンブズマンの制度は今後いかにあるべきか、その制度の可能性はあるのか等については、次章で詳しく検討することにする。

第3章　公的オンブズマンの可能性

一　現行の公的オンブズマンの本質的な限界

1　公的オンブズマンの苦情処理的役割と行政監視的役割

二〇〇五年に設立された「日本オンブズマン学会」の設立趣意書は次のように述べている。

「諸外国においては、行政の不当な行為から国民をまもり、国民の利益の回復や増進を意図する制度として、オンブズマン制度が行政救済・苦情処理のみならず行政を統制する役割をも果たしている。しかし、わが国では僅かに若干の地方公共団体において公的なオンブズマン制度が設置運営されていることと、行政相談委員制度が実質的にオンブズマン的な機能を発揮している現状にあるにすぎない」

このうち「行政相談委員制度が実質的にオンブズマン的な機能を発揮している」という点は必ずしも妥当でなく、正確には、本書第1章で論じておいたように、総務省が「行政相談委員」制度を「オンブズマン的な役割」を果たしているとみなしているにすぎない。このことはともかくとして、上記の趣意書のいう、日本で「僅かに若干の地方公共団体において」設立運営されている公的オンブズマン制度は、ほとんどが「行政救済・苦情処理」的な役割を果たし、諸外国と異なって、「行政を統制する役割」を果たしていないのは確かである。

また、運用の仕方によっては、行政を統制ないし監視する役割を果たすことができるような権限を有している場合であっても、例外的な事例はあり得るにしても、総体的には、行政側に遠慮して（よくいえば「配慮して」）、行政を統制するようには権限をほとんど行使していない。自治体で最初に設置された川崎市の公的オンブズマンも実態的にはほぼそういえる。

なかには、苦情処理的職務を果たすことを通して行政監視的役割も果たしていると主張している論もあるが、それらの論は内容的には、「見なし」または「想定」の域を出るものではなく、客観的に検証した上でのものではない。また、かりに苦情処理を通して行政監視的役割を果たすことになる可能性があるとしても、苦情処理的機能がそのまま自動的に行政監視的機能につながるものではなく、苦情処理を行政監視へつなげるには、オンブズマンの側に、苦情の処理と結果を行政監視へと構成することができる能力および行政との間に緊張を維持することができる胆力が必要である。

オンブズマン制度はオンブズマン個人の人格的要素に多分に依存しているという意味で、オンブズマンはいわゆる「高潔な人格者」でなければならない（小島武司、外間寛編『オムブズマン制度の比較研究』中央大学出版部、一九七九年参照）ということを否定しないにしても、行政監視的役割を果たすには、高潔な人格者であるのみでは務まらない。行政機関はさほど軟な組織ではない。行政側に「敬して遠ざけられる」、場合によっては「敬して利用される」ということになる可能性が高い。

2　川崎市のオンブズマン制度の場合

北海道で開催された公的オンブズマン関係のシンポジウムにおいて、篠原一氏は、川崎市では行政監視機能はあまり行使されていないことについて質問された際、「行政監視機能は、苦情処理に関連して発揮されるものだと考えています」と答えていた（道政改革推進委員会『地方自治体における行政オンブズマン制度フォーラム報告書』一九九八年八月一日）。

川崎市民に配布されている『川崎市民オンブズマンハンドブック』（一九九〇年一一月、川崎市市民オンブズマン事務局作成）は、オンブズマンの主要な機能は、①市民からの苦情の処理、②行政監視、③行政改善に係る意見の陳述であるとし、そして、②の行政監視について、「オンブズマンは、常時行政全般を公正・中立的立場で監視し、そこに問題があればその改善を求める職責を有するものである」と説明し、③の行政改善については、「苦情調査や職権調査の結果、行政上の扱いに欠陥やミスが生じた原因が、条例、規則その行政運営に関する制度上の欠陥にあると判断した場合には、条例、規則、行政運営など制度自体の改善につき意見を述べることができる」と説明している。

本書の第1章で述べておいたように、行政改善の機能は独立したものでなく付随的なものと考えるべきであるが、この点はともかく、『川崎市民オンブズマンハンドブック』の分類からすると、篠原氏がシンポジウムで述べたのは、③の行政改善の機能のことだと思われる。しかし、実は川崎市のオンブズマンは、これまで②の行政監視機能の職権のみでなく、上記ハンドブックのいう③の行政改善機能の職権も具体的にはほとんど行使してきていない。そして、何よりも看過してはならないのは、川崎市の現行のオンブズマン制度において、オンブズマンがかりに行政監視機能ないし行政改善機能を果たそうとしても、それらの機能の現実化は、制度上、究極的には行政側の対応に依存しているということである。（なお、川崎市のオンブズマンの定数は当初は三人であったが、二〇〇二年一一月一日以降、二人に減員されている。）

川崎市の初代オンブズマンを務めた元東京高裁長官の杉山克彦氏は、オンブズマン制度の成否の鍵は、「市の行政に対し行う非違の指摘とその是正勧告を、市長がどう受けとめ、この勧告をどう尊重するかという点」にあるとし、そしてこのためのポイントは二つあり、「その一は、オンブズマンの識見と強い独立の信念に基づく『決断』であり、その二は、市の機関側、特にそのトップに立つ市長が、オンブズマンの意見を一〇〇％尊重する強い姿勢を、市民及び市の全ての職員に対し発揮することである」と説く（「川崎市オンブズマンの6年間を回顧して」篠原一、林屋礼二編『公的オンブズマン―自治体行政への導入と活動―』〔信山社、一九九九年〕所収）。

この論は、現行の公的オンブズマン制度を前提とするかぎり、的を得ている。換言すれば、現行の制度は、オンブズマンの強い信念と市長の強い姿勢に依存しているのである。さらにいえば、この制度の成否は、法的ではなく精神的な要素にかかっており、究極的には、オンブズマンではなく市長の意思にかかっている。杉山氏は市長を鼓舞するために説いたのであろうが、図らずもその論旨は、理念的には、行政監視の制度の成否が監視される側の行政の意思によって決まるという原理的な矛盾を示すものとなっている。

3　宮城県のオンブズマン制度の廃止

二〇〇八年度に、宮城県県政オンブズマンは全国行政苦情救済・オンブズマン制度連絡会会議から退会した。これは、同県の県政オンブズマン制度を「県政相談制度」へ改編し、実質的に公的オンブズマン制度を廃止した結果である。設置から廃止までわずか一二年の期間であった。このプロセスは、日本の公的オンブズマン制度のありようを象徴するものの一つであると考えられるので、これについて次にみてみる。

二〇〇六年一〇月に出された『宮城県県政オンブズマン10周年記念誌』(発行＝宮城県県政オンブズマン、編集＝宮城県県政オンブズマン事務局)は、同県の県政オンブズマン制度の「導入の背景」を以下のように記していた。

「平成五年、ゼネコン各社から、中央政界や地方政界に対し多額の賄賂が送られている事実が明るみに出、公共事業の受注をめぐり、自治体の首長とゼネコンのヤミ献金の実態が浮き彫りにされた。これにより、仙台市長に続いて宮城県知事が逮捕されるという事態に至った。いわゆるゼネコン汚職である。

逮捕された知事は平成五年一〇月一日に辞表を提出したことにより、一一月二一日に出直し選挙が行われ、汚職事件からの再生を誓った浅野史郎氏が当選した。

宮城県では、失われた県政の信頼を回復するため、平成五年一二月に『宮城県行政運営改善検討委員会』を設置し、県の行政運営の見直しや改善について検討を開始し、平成六年三月の中間報告では、オンブズマン制度導入を検討する必要性があると指摘した」

以上のような背景でもって、一九九六年一一月一日、宮城県県政オンブズマン制度が導入された。そうして一〇年後、同県の二人のオンブズマンは、その『県政オンブズマン10周年にあたり』のなかで、「平成八年に荒地に鍬を入れ、土壌改良を繰り返し、種まきが出来るようになり、良い芽が出始めました。これらに伴い、表面的には問題点が次第に解決し、落ち着いた状態になってきたかのように思われます」と書いた。しかし、このわずか二年後、同制度はあっさりと廃止された。

この廃止について、同県の最後の二人のオンブズマンが書いた「県政オンブズマン制度の12年を振り返る」（『宮城県県政オンブズマン・平成二〇年度活動状況報告書』所収）は、冒頭で、「県政オンブズマン制度は、平成二〇年一〇月末をもって一二年の歴史を閉じることとなりました」と述べ、そして、「平成五年、ゼネコン汚職を受けて県が行政運営改善検討委員会を設置、問題を検討し、その後沖縄県に続いて都道府県では二番目にオンブズマン制度が創設され、高く評価されました」と書き、最後に、「現在、宮城県は、財政が非常に逼迫した状況にあります。

このような時こそ、県民と県職員が起死回生のために一丸となり、それぞれの立場で持てる力を発揮して、『元気な宮城県』を創りあげていくよう期待しています」と記し、オンブズマン制度の廃止との関連ではやや意味不明の言でもって終わっている。

廃止の理由については明示されていないが、「財政が非常に逼迫した状況」が言及されていることからすると、財政上の理由とも考えられる。また、費用対効果の面で、同県のオンブズマン制度の設置時に期待されていたわりには、その後の実態上、オンブズマン制度があまり機能しなかったことも、廃止の理由の一つであったかもしれない。いずれにしても、要点は、首長の意思で設置されたものは、同時に首長の意思で廃止もされるということである。このことを、「宮城県県政オンブズマン」の結末が例証した。

特に同県のように、条例による設置と異なって、知事の決裁による「設置要綱」で設置された場合、知事の決裁で容易に廃止できた（ほんの二年間の運命であった高知県行政オンブズマンも同県の「行政オンブズマン設置規定」による設置であった）。まさに「首長の意思」次第ということである。かりに条例による設置であっても、知事の与党が議会の多数派である場合は、廃止はさほど難しいことではない。

同県のオンブズマン制度の樹立の契機は、県知事の汚職事件で、県政の信頼を回復するためであったが、実際のオンブズマンの仕事は県政の監視というより、末端行政の苦情処理係であった。つまり、行政を監視する性格より、むしろ行政上の不始末を後追い的に処理する行政補完的性格が圧倒的に強かったのである。

たとえば、宮城県県政オンブズマン設置要綱によれば、県政オンブズマンの主な職務として、①「県政に関する県民の苦情の申立てを受理し、これを調査し、簡易かつ迅速に処理すること」(同要綱第四条一号)と②「県政の非違等について是正等の措置を講ずるよう勧告すること」および「県政に関する制度等の改善を求める意見を表明すること」があり(同条二号、三号)、このうち①は苦情処理的職務であり、②は運用の仕方と内容によっては監視的職務となり得るものであるものの、現実には、記録を読むかぎり、県政オンブズマンの活動は内容的にすべて苦情処理的機能の関係であり、監視的機能の関係は皆無であった。

苦情処理的機能も必要であることは認めるにしても、つまるところは、行政上の不始末の後追い的な処理であり、これのみでは、同県の県政オンブズマンの設置の最大の理由かつ目的である行政監視という趣旨が生かされることはまずない。実質的に苦情処理的職務のみを果たすのであるならば、端的には、一定の処理権限を有する苦情(クレーム)処理係で十分であろう。実態的に、全国の公的オンブズマンもほとんどが苦情処理的職務のみを遂行しており、にもかかわらず、「オンブズマン」というりっぱな看板を掲げている。

宮城県の初代の県政オンブズマンを務めた林屋礼二氏は、同県のオンブズマン制度に行政監視機能が除かれていることについて、次のように厳しく批判している（前出『オンブズマン制度―日本の行政と公的オンブズマン―』）。

「議会の監視機能や監査委員の監査機能との関係で、オンブズマンに『（抽象的）行政監視』の認めていないことについては、問題があるといわなければならない」

「『行政監視』の機能は、オンブズマン制度にとっては、本来的な機能である」

「行政府型オンブズマン制度の場合にも、『行政監視』―抽象的行政監視―の機能が根幹にあるべきものであって、『苦情処理』＝『紛争解決』機能のみとするのは、右に述べた自治体の政策的意図（行政機関と住民の間の紛争を解決して住民の不満を減じようとする意図＝引用者注）に偏した姿勢であり、ここには、オンブズマン制度が、―オンブズマンという外形をとった―効果のともなわない制度に堕する危険性が内蔵されている。その点で、今日の日本の地方自治体におけるオンブズマン制度の状況をみるとき、『行政監視』の機能を排除する傾向が一つの流れになってきているが、これは問題であり、むしろ、『行政監視』―抽象的行政監視―こそオンブズマン制度の生命であることを認識して、あるべき姿に流れの変わることを望みたいと思う」

しかし、自治体が、林屋氏のこの願望に沿って今後、条例等でもって行政監視機能を重視したオンブズマン制度を自ら構築することはおそらくないであろう。この問題は、後述するように、法律のレベルで立法的に解決されなければならない性質のものである。

一九九七年に廃止された長崎県諫早市の市政参与委員の制度についても、「市政参与委員は単なる苦情処理機関的となり積極的な存在意義が市民にも見えなくなってしまったことが、廃止理由のひとつ」とされる（今川晃「自治体行政と公的オンブズマンのあり方」篠原、林屋編・前出『公的オンブズマン』所収）。また、一九九七年に設置されて一九九九年に廃止された高知県の行政オンブズマンの制度は、その廃止の理由として、地方自治法改正により外部監査制度が導入されたことがあげられているが、一九九四年一一月の地方制度調査会の「地方行政の推進に関する答申」および一九九六年四月の同調査会専門員会の報告書は、外部監査制度の導入の必要性を説いており、高知県の行政オンブズマンの設置以前に、外部監査制度の導入の方向性はすでに見えていた。高知県がそのオンブズマン制度を廃止する理由としてあげた外部監査制度の導入は、おそらく表向きの理由であろう。

さらに、公的オンブズマン制度の導入を検討していた福岡市は、設置効果があまり期待されないとして、結局、その導入を見送った（同市の調査・研究の内容については、福岡市公的オンブズマン研究会『福岡市にふさわしいオンブズマン制度のあり方に関する調査研究書』二〇〇三年参照)。

日本では、もともと自治体行政での汚職事件に端を発して行政監視の必要のためにオンブズマン制度の設置が検討され出したが、その現実化の過程において、地方自治法上の制約もあり、結果的に、ほとんどが「苦情処理係」的なオンブズマン制度となっている。この種のオンブズマン制度は、本来、期待されていた汚職防止等を含む行政監視的な機能を有効に発揮することは出来るようなシステムではない。

また、「オンブズマンとは、強大化する行政権に対して、弱い立場にある市民の人権を擁護するために生まれたものだ」として、現代のオンブズマン制度についても、それを人権擁護と直結させて認識する論もあるが(佐藤竺氏「人権の守護神としてのオンブズマン」篠原、林屋編・前出『公的オンブズマン』所収)、しかし、オンブズマンを直接的に人権擁護の制度と位置づけるのは、日本での他の少なからずの人権擁護ないし人権救済の制度の存在、およびオンブズマン制度は人権擁護ないし人権救済のための多数の事案に対処するのに有効なシステムではないこと等からして、妥当とは思われない。

オンブズマン制度を直接的に人権擁護のためのものと位置づけた場合、それを実際に具体化しようとする際には、現行の関係法令の制約上、人権相談室的な機関にならざるを得ない。そうであれば、わざわざオンブズマンという仰々しい名称を用いる必要はないし、また市民に誤解を与えるので用いるべきではない。

人権問題に特化した川崎市の「人権オンブズパーソン」の制度がまさにそうである。この人権オンブズパーソンの主たる職務は、「人権侵害に関する相談に応じ、必要な助言及び支援を行うこと」（川崎市人権オンブズパーソン条例第三条一号）であり、実質的には、調査をともなう人権相談室である。しかも、その管轄の対象は子どもと男女平等にかかわる問題に限定されている。かつ、人権オンブズパーソンが対処した事案の大部分は、その報告書を読むかぎり、本質上、いわゆる私人の間でのトラブルである。川崎市の人権オンブズパーソンは人権相談室的な機関であるにもかかわらず、その報酬額は同市のオンブズマンと同じで高額である（具体的な額は後述）。

前記の佐藤氏が考える「強大化する行政権に対して、弱い立場にある市民の人権を擁護するため」は、意図は理解できないことはないにしても、その趣旨は直接的にはオンブズマンの制度に適合的ではない。オンブズマン制度は、究極的には市民の人権擁護に奉仕するものであるにしても、日本でのオンブズマン制度の主たる存在価値は強大な行政権を監視することにある。

4　中央のオンブズマン制度のあるべき類型

中央において、オンブズマン制度の必要性が唱えられ始めたのは、既述のように汚職問題（一九七七年のいわゆるロッキード事件）をきっかけとしている（内閣総理大臣の私的諮問機関「航空機疑惑問題等防止対策に関する協議会」の提言、一九七九年）。そして、一九八〇年に旧行政管理庁に設置されたオンブズマン制度研究会は、一九八六年、「基本的には、オンブズマン的機能の導入を図るべきである」とする最終報告を出したが（全文は、総務庁行政監察局監修『オンブズマン制度―行政苦情救済の新たな方向―』第一法規出版、一九八六年）、内容的に相当に行政寄りのこの報告でさえ、今日に至るまで現実化されていない。

このオンブズマン制度研究会に参加した佐藤竺氏は、当初はオンブズマン制度の導入は不要ではないかと考えていたが、調査を進めていくうちに、導入の「必要性を確信するに至った」という。その理由について、佐藤氏は次のように述べる。「民主主義国家において、行政機能が飛躍的に膨張拡大し、官僚制化に伴う法規万能その他さまざまの弊害が増大しつつあるなかで、ますます無力化している多くの一般国民の基本的人権を対行政関係において擁護し、国民に奉仕する行政の基本的性格を保持させるためには、既存の官僚制機構内部に設けられた監視・救済機関の活動だけではどうしても限界があり、高度に独立したしかも権威あるオンブズマンの創設が不可欠のように思われるからである」（「オンブズマン制度と統治構造」『成蹊法学』

二四号)。

筆者も中央でオンブズマン制度は導入されるべきだと考える。しかし、オンブズマン制度研究会が提唱した「オンブズマン委員会」は、行政府に置かれた苦情処理的なオンブズマンの制度であり、こうした苦情処理的制度は、中央で設置する必要性はさほど高いものではなく、その内容においても問題がある。このオンブズマン制度研究会の報告に限らず、「日本的オンブズマン制度」(林修三「日本的オンブズマン制度の構想について」法律時報臨時増刊号、一九八一年)、「日本の風土に合ったオンブズマン制度」(市原昌三郎「既存の諸制度を適切に補完する行政救済制度を求めて—わが国の風土に合った行政救済・オンブズマン制度—」総務省行政評価局行政相談課『学界等における行政苦情救済・オンブズマン制度の評価等に関する調査研究結果報告書』二〇〇一年)等を主張する論の内容は、共通して苦情処理的なオンブズマン制度であり、そこにおいては、既存の行政制度の温存を前提として小手先の改善の装いですまそうとする意図がみられ、行政制度の抜本的な改革という観点はない。

他方、本来要求される行政監視的なオンブズマン制度の中央での設置は、行政からの抵抗は強いであろうし、実際、この抵抗は、オンブズマン制度研究会の最終報告にも反映されていた。今後、中央の行政での巨大な汚職事件が明るみに出て、社会の広い批判にさらされるか、あるいは中央政権の目玉的な新政策として提示されないかぎり、中央で行政監視的なオンブズマン制度が設置される可能性は低い。

国会でこれまで、オンブズマン設置関係の動きがなかったわけではない。民主党は一九九六年の第一三九国会に行政監視院法案を提出し、共産党は一九九七年三月、行政監視院（オンブズマン）法案大綱を発表し、第一四〇国会にも「行政監視院による行政監視の手続等に関する法律案」を提出している。しかし、これらは制定法化されていない。

もっとも、中央で行政監視的なオンブズマン制度が設置される可能性は低いものの、実際にその制度が設置され、かつ現行の地方自治法上の住民監査請求と類似のシステム、すなわち「国民監視請求」を中央のオンブズマン制度に組み込ませるならば、国民に多大な利益をもたらすことになろう。この場合、国民の訴訟提起も、住民監査請求前置主義と同様に、国民監視請求前置主義の下であっても、これは、日本の国政上、大きな肯定的な効果を有することになると考えられる。

また、かりに中央において「一般オンブズマン（総合オンブズマン）」の設置が当面、容易でないとしても、行政の中の特定の分野で設置される「特殊オンブズマン（部門オンブズマン）」の導入は十分議論されるべき価値がある。たとえば行政権力の中で最も直接的に権力を行使する警察、検察、刑務所および自衛隊等にオンブズマンを設置することは積極的に検討されるべきであろう。（特殊オンブズマンについては、本章の四において、やや詳しく論述している。）

5 現行の公的オンブズマン制度の原理的矛盾

いずれにしても、当面は中央でのオンブズマン制度の設置よりも、自治体の権限の拡大・強化との関係で、自治体の公的オンブズマンが地方行政の監視・改善の職務を効果的に果たすことができるような制度設計を国会が立法的に行うことの必要性と可能性のほうがはるかに高いのではないかと考えられる。また、この立法化は、今後の公的オンブズマン制度の新たな展開の大きな契機となり得る。

篠原氏は、かつて、次のように書いていた。

「日本ではじめて自治体にオンブズマン制度がしかれてからあしかけ一〇年になる。情報公開制度も自治体からはじまったが、それはかなりのスピードで普及し、今年には国レベルでも情報公開法が制定された。これに比べるとオンブズマン制度の普及は必ずしも順調とはいえない。情報公開条例が次々と採択されるようになったころ、私は情報公開制度は『つくる時代』から『使う時代』に入ったとのべたことがあるが、それと考え合わせると、オンブズマン制度はまだ『つくる時代』にとどまっているといってよいだろう」（篠原、林屋編・前出『公的オンブズマン』）

確かに情報公開制度は自治体の情報公開条例から中央の情報公開法へと展開したが、公的オンブズマン制度は、自治体のオンブズマン条例から中央のオンブズマン法へとは展開しなかった。今日、公的オンブズマン制度にとって、篠原氏の時期よりもいっそう厳しい状況下にある。自治体の条例等に基づく公的オンブズマン制度は、「つくる時代」というより、むしろ「停滞の時代」のなかにあるようにみられる。

篠原氏も設置に関わった川崎市のオンブズマン制度は、全国の自治体で最初の設置というプライドもあるのであろうが（二〇〇八年度から、川崎市立中学校三年生が使用する公民教科書に川崎市のオンブズマン制度が記されているとのこと）、その制度の維持のための広報活動は半端でない。

具体的には、①区役所、市民館、図書館等でのパンフレット、活動報告書、苦情申立書、および封筒の配布、②市のホームページ上での掲載、③FMラジオでのPR、④町内会の市の広報板にポスターを掲載、⑤市職員を対象とした制度研修会、⑥町内会等での制度説明会、⑦市立中学校での「オンブズマンによる学習会」、⑧各区役所での「巡回オンブズマン」の実施等である。必死ともいえる努力である。

他の自治体でこれほどの広報活動をしているところはほとんどない。たとえば、つくば市では、ホームページ上で制度趣旨および活動報告書の掲載、市広報紙上に年三回前後の制度趣旨の掲載、パンフレット（本庁舎の窓口）ぐらいのものである。川崎市ほどの広報活動が常時行われなければ、オンブズマン制度は市民の間で広く認知されないということかもしれない。

既述のように、川崎市の公的オンブズマンの制度は、行政を統制ないし監視するようには機能していない。実態的には苦情処理機関である。しかし、その制度の運用・維持費は低い額ではない。二〇〇六年度予算で約九五〇〇万円であり、これは、自治体のオンブズマン予算のうちで高額の部類に属する横浜市の約四〇〇〇万円、藤沢市の約四六〇〇万円と比べてもかなり高い。

また、川崎市のオンブズマンの報酬は一人月額七八万円（二〇〇七年四月一日より七四万円に減額）で、これは（減額後も）、日本におけるオンブズマンのなかで最高額である。同市のオンブズマンの制度の運用・維持費の妥当性については、基本的には同市の納税者たる市民が判断すべきことであるが、この高額な報酬について、篠原氏は「哲学的には妥当な額」とし、

「哲学といいますのは、『オンブズマンのステータスは、首長と同じレベルなんですよ』という哲学であります。ステータスが同じならば報酬も同額が基本だという考え方です」（道政改革推進委員会・前出『地方自治体における行政オンブズマン制度フォーラム報告書』）と語る。

確かに、オンブズマンと首長が名実ともにステータスが同じであれば（筆者も同じで「あるべき」とは思う）、報酬も同額であってもよいが、しかし、実態はそうではない。前述のように、行政監視の制度の成否が、監視される側の行政の意思によって決まるという原理的な矛盾の上に成り立っている川崎市をはじめとする現行の公的オンブズマンの制度において、主観的願望はともかくとして、客観的にオンブズマンのステータスを首長と同じレベルであると解することは難しいであろう。

当時の硬直した地方行政制度に対して、全国の自治体の先頭に立って、自治体改革の風穴を開けるべく設置された川崎市の公的オンブズマンの制度の先進的意義は高く評価されるものの、その制度の原理的矛盾を看過して、オンブズマンを首長と同等のステータスであると「見せかける」ことは、本来要求される内容の公的オンブズマン制度の今後の展開にとって決して好ましいことではない。

公的オンブズマンの制度は、情報公開の制度と同じく、行政を監視・改善し、かつそれを通して市民の権利を擁護するのに役立たせるという点において、全国的に市民の側にニーズ（要求ないし必要）があるのは確かである。しかし、両者の制度は、そのニーズに対応するシステムの有効性に大きな違いがある。この落差が、両者の制度において一方は発展、他方は停滞という状況につながっている。つまり、公的オンブズマンについては、市民の側にニーズがあるにもかかわらず、その制度の有効性の低さが、オンブズマン制度に対する認識の薄さとその制度の普及への市民の圧力の弱さと密接に関係していると考えられる。

本来、公的オンブズマンに期待されている行政の監視・改善において、さほど成果を上げることが出来なかった場合、失望も大きくなる。公的オンブズマンの普及圧力が高まらないのは、市民の潜在的なニーズがあるにもかかわらず、そのニーズに対応する制度の有効性に対する市民の側の不信感がある。これは、オンブズマン制度の運用の問題も関係していないことはないが、より根源的にはその制度そのものに根差す限界に由来するものである。

それでは、地方自治法上で設置が義務づけられている監査委員制度はどうか。この制度が、自治体の行政の監視・改善の面で市民の期待通りの役割を果たしていれば、公的オンブズマン制度の設置の必要性は依然としてあるものの、その設置要求は弱くなる。監査委員制度は実際にはどう機能しているか、この問題を以下みてみる。

二　自治体の現行の監査委員制度は機能しているのか

1　監査委員は誰が選び、誰がなるのか

一九八五年、国会において以下の趣旨の質問主意書が出された。

地方自治法一九六条によると、「監査を受ける側が監査をする側を選ぶことになり、極めて不合理なシステムと思われる」。「監査委員についての諸問題の根源は、すべて首長の任免権にあると思われる」「昭和五八年一〇月七日付サンケイ新聞によると、過去三年間で監査請求を受けて是正勧告がなされたのは、わずか九・五％である」（木本平八郎「地方自治体の監査委員制度に関する質問主意書」一九八五年二月一五日、参議院議長へ提出）。

この質問主意書における監査委員の選出方法の問題の指摘は正当である。

監査委員は、地方自治法上で普通地方公共団体に設置が義務づけられている制度である。監査委員の定数は、都道府県及び政令で定める市にあっては四人、その他の市にあっては条例の定めるところにより三人又は二人、町村にあっては二人である（地方自治法第一九五条二項）。

そして、監査委員は、普通地方公共団体の長が、議会の同意を得て、「識見を有する者」および議員のうちから選任する（同法第一九六条一項）。自治体において首長の与党が議会で多数を占めている場合は、監査委員の選任はほぼ「監査を受ける側」たる首長の意思によって決まる。

さらに、識見を有する者のうちから選任される監査委員の数が三人である普通地方公共団体にあっては、少なくともその二人以上は、また二人である普通地方公共団体にあっては少なくともその一人以上は、当該普通地方公共団体の職員で政令で定めるものでなかった者でなければならない（同法第一九六条二項）という規定も問題である。この規定からすると、一人は、「当該普通地方公共団体の職員」の中から、「識見を有する者」として監査委員に選任することができることになる。当該自治体の元行政職員が、市民の監査請求に対して、元職場を対象に公正、公平に行うことができると想定すること自体が不自然である。

監査委員制度を実際上で市民に有用なものとしたいのであれば、最低限、地方自治法第一九六条を改正することが必須的に要求される。具体的には、同法第一九六条一項について、「監査される側」が直接的には関与できない方法で監査委員を選任できるように改正しなければならない。これは、監査委員制度が公正、公平に機能するかどうかの主要な条件の一つである。また、監査委員として選任される対象についても、同法第一九六条一項、二項について、公正、公平の観点から、当該自治体の議会の議員および元行政職員を監査委員に選任できないように改正すべきであろう。

2　監査委員に対する責任追及制度の導入の必要

東京都品川区において実際に監査委員を務めた中小企業経営者の小山秋義氏は、監査委員の職務を行ううちに、「私は国民の一人として、今まで血のにじむような思いで納めてきた税金が、予算という名目でいかにも無造作に消費されている現状を見て、当初は驚き、やがて年月を重ねるうちに義憤さえも感ずるようになった」と述べ、それでは、こういう現状を本来、監視し是正する役割を担っているはずの監査制度はどうなっているか、について小山氏は次のようにいう。「地方自治法が制定され、国の後見的な監督に代わって自律的な監査制度が導入されてから三〇年以上経過した今でも、地方公共団体の監査委員の職は閑職と考えられており、良い監査とは、何もしない監査の謂であるといった皮肉まで飛び出す始末である。地方公共団体の財務会計事務について間違いを指摘することは、すなわち長の執行責任を問うことであって、監査委員が使命感に燃えれば燃えるほど、長との対立は避けられない宿命を負っている」(『地方自治体を裸にする』東洋経済新報社、一九七九年)。

そして、小山氏はこの監査委員制度を改革するために、いくつかの方策を提示しているが、その一つに、「監査委員としての責任を明確にすること」をあげている。つまり、「責任のあいまいさが、なれあい監査を生む一つの原因をなしている」として、具体的には、「民間企業の監査役、または会計監査人のような賠償制度を設け、監査委員の怠慢によって、地方公共団体に損害を与えた場合には、賠償義務を課すべき」であり、また「現行制度では、監査委員に非行のあった場合の懲戒権者は、地方公共団体の長なので、監査委員の独立制を維持するため、懲戒権を議会の権限とし、公開の場における聴聞等にもとづいて懲戒を行うものとする」ということを提案している。これは傾聴に値する提案である。もっとも、現行では、議会の議員も監査委員に選任され得ることになっているので、懲戒権を議会の権限とすることが妥当かは検討の余地があろう。

小山氏の論は一九七九年であり、前記の国会での質問主意書は一九八五年である。以来、今日まで長い時間がたっているが、自治体の監査委員制度が改善されてきたとは、およそいえず、むしろ、たとえば、つくば市での最近の過去一〇年間の住民監査請求に対して全て棄却ないし却下されている実態からして（この詳細は後述）、全国の自治体での監査状況についても、おそらく暗澹たるものであろう。

行政法学者の阿部康隆氏は、監査委員制度について、「訴訟の前に、論点を明確にし、また、資料を明らかにするためにも、きちんとした監査が行なわれるなら、これを訴訟に前置する制度は妥当であろう」としつつも、「しかし、現実には住民監査請求はほとんど機能しない。監査委員は適法としたが、裁判所で違法とされている事案が非常に多いのである。たとえば、筆者は、神戸市長を被告とする住民訴訟を一〇件も代理して、三件は最高裁で最終勝訴、二件は大阪高裁で勝訴（上告中）、一件は係争中（Ⅸの権利放棄事案）である。それでも監査段階ではすべて適法とされており、監査は、儀式となっている。地方制度調査会でも、この六月一六日、監査委員の改革を答申したが、弥縫策である。物事の本質をつかんでいない」と論じている（「住民訴訟、住民監査請求の改革」日本弁護士連合会発行『自由と正義』二〇〇九年八月号）。

また、現行の監査委員制度が機能していない原因について、阿部氏は、「監査委員は、監査をまじめにやっても得しないので、インセンティブがない上、そもそも、議会の同意を得て首長により任命される（自治法一九六条）ので、首長や議会の責任を追及することは、泥棒が仲間を裏切るに等しく、任命の恩義を裏切り、また、再任が期待できなくなるためである」とし、この状況を改革するために、「監査委員がまじめに監査するインセンティブを創らなければならない。一つは、監査委員の任命権は、首長ではなく、第三者に与えたい。その方法として、監査委員を公選制とし、任期を首長と同じくし、首長選挙の時に、監査委員の選挙を同時に行い、重複立候補を認めれば、落選者が監査委員になるので、首長の行為を厳格に審査するのである。もう一つは、裁判で監査委員の判断が覆されたら、執行機関、首長、職員だけ責任を負わされ、首長のしたことを正当化（幇助）した監査委員の責任が問われないのは不合理であると考え、監査委員の判断に故意又は重過失があれば、監査委員も、一部責任を負う制度を作るべきである。具体的には年俸の一部だけでも（一件につき、二〇％でも）減額される仕組みが必要である」と説いている。

ここで阿部氏は、前述の小山氏と同様に、監査委員の責任を問う制度を提示している。北海道夕張市の二〇〇七年の財政破綻等、住民に恐るべき被害を与えることになった実例が少なくないことからしても、監査委員に対する責任追及制度の導入を真剣に検討すべき時期に来ているように思われる。会社法第四二三条一項は、監査役および会計監査人について、取締役、会計参与、執行役と並んで、「その任務を怠ったときは、株式会社に対し、これによって生じた損害を賠償する責任を負う」と定めているが、この趣旨は、自治体の監査委員に対しても応用される必要がある。

阿部氏が監査委員の責任を「故意又は重過失」に限定しているのは、理由を述べていないが、あるいは会社法第四二五条、第四二六条が、役員等が職務を行うにつき善意でかつ重大な過失がないとき、役員等の任務懈怠責任の一部を株主総会の決議または取締役会の決議（この場合は前もって定款の定めが必要）によって免除することができると定めていることを考慮した上でのものであるのかもしれない。

監査内容もさることながら、監査委員そのものの問題もある。たとえば、監査委員自身がカラ出張をしていた疑いで、徳島、三重、東京、北海道、高知等で監査請求された事例さえ、かつてあった。このことで、徳島、東京、北海道等での監査委員は辞任を余儀なくされた（全国市民オンブズマン連絡会議編・前出『日本を洗濯する』参照）。

3　つくば市の監査委員制度の運用の実態

次に、現行の監査委員制度の問題を、つくば市を素材にして具体的にみてみよう。

つくば市での監査委員制度は、地方自治法に依拠して、つくば市監査委員条例、つくば市監査委員処務規定、つくば市監査基準等で定められている。

つくば市の監査委員は、市長が議会の同意を得て、「市の財政管理、事業の管理その他行政運営に優れた識見を有する人の中から選任された二名」（選出区分はいわゆる「識見」）および「市議会議員の中から選任された一名」（選出区分はいわゆる「議選」）の計三名で構成される。

二〇一〇年三月現在、監査委員として公認会計士と元栗原郵便局長（選出区分は「識見」）および市会議員（選出区分は「議選」）が選任されている。任期は四年である。

監査委員の報告、意見、監査結果及び勧告等の決定のうち、以下の事項については、監査委員の「合議」による。

⑴　定期監査

⑵　随時監査。必要があると認めるときに定期監査に準じて実施するもの。

⑶　行政監査。必要があると認めるときにつくば市の事務又はつくば市の執行機関の権限に属する機関委任事務の執行が、合理的かつ効率的に行われているか、法令等の定めるところに従って適正に行われているかどうかを主眼として適時に実施するもの。

⑷　財政援助団体等に対する監査。財政的援助を与えている団体又は出資・支払保証団体に対し、必要があると認めるとき、又は市長の要求に基づき、当該財政的援助等に係る出納その他の事務の執行が適正かつ効率的に行われているかどうかを主眼として実施するもの。

⑸　住民の直接請求に基づく監査。請求に係る事務の執行について実施するもの。市の行っている事務全体が対象となる。請求には、有権者の五〇分の一以上の署名（つくば市の場合、二〇〇八年三月現在で三一四六人）が必要。

⑹　議会の要求に基づく監査。要求に係る事務について実施するもの。

(7) 主務大臣若しくは知事又は市長の要求に基づく監査。要求に係る事務の執行について実施するもの。

(8) 住民監査請求に基づく監査。請求の内容について実施するもの。違法・不当な公金の支出、契約の締結、財産管理の仕方など財務会計上の行為に対象が限られる。市民一人でも請求できる。

(9) 市長又は企業管理者の要求に基づく職員の賠償責任に関する監査。要求に係る事実の有無等について実施するもの。

以上の事項に対する監査委員の報告、意見、監査結果及び勧告等の決定が公正かつ的確に出されていれば、監査委員制度は市民にも高く評価されてきたであろう。

ここで注意すべきは、監査委員の「合議」は行政実例上、「全員一致」と解されていることである。逆からいえば、監査委員一人の反対で決定できなくなるということである。つまり、監査委員制度の設置目的の中枢的事項については、監査委員の全員一致でしか「監査」の本来の趣旨を発揮できない仕組みになっているわけだ。市民参加活動の象徴的意味も有する「住民の直接請求に基づく監査」と「住民監査請求に基づく監査」についても、そうである。もっとも、合議=全員一致とするのは行政実例すなわち法令の解釈・運用についての所轄官庁の見解にすぎないので、この解釈が法的に妥当ということには必ずしもならない。異なった解釈でもって監査委員制度を運営する自治体が出てきてもよい。

合議制は一見、民主的であるかのようであるが、その仕組みと運用によっては、市民の正当な要求を阻止する役割を担った極めて非民主的な制度となり得る。

この問題はオンブズマン制度とも無関係ではない。潮見憲三郎氏は、オンブズマンの八個の標識の一つとして、委員会・懇談会・審議会・協議会等のように話し合って結論を出すのと違って、「一人」の仕事であることをあげている（『オンブズマンとは何か』講談社、一九九六年）。つまり、たとえ複数人がオンブズマンに選任されていても、仕事は各人が独立して行い、判断のために合議することはないということである。筆者も、これはオンブズマン制度の要点の一つと考える。

つくば市の監査委員制度の運用の実態をより具体的に検討するために、つくば市の監査委員が、同市での過去一〇年間の住民監査請求に対して、いかなる監査結果を出してきたか。これを以下、みてみる。

筆者は二〇〇九年、監査委員事務局に対して、「過去一〇年間のつくば市住民監査請求および監査結果の一覧」の文書の提出を要請した。以下は提出文書の内容である。

【事案①】

請求相手＝市長、財務部長

請求人＝○○○○ほか七名

請求内容＝平成八年度一般会計決算において市税約一億三○○○万円が時効完成により不納欠損処分されたが、これは市税の徴収を怠った事実によるものであり、また時効中断等の措置を取らなかったことも同様に徴収を怠った事実によるものである。よって、市長及び財務部長に対して不納欠損処分による損害を弁償することを求める。

受付日＝平成一○年二月二○日受付

監査結果＝平成一○年四月一六日棄却

【事案②】

請求相手＝市長

請求人＝○○○○ほか五名

請求内容＝平成八年度市税の不納欠損額一億二六五六万円について、告知、督促、差押え等により時効の中断及び停止をすることができるにもかかわらず、権限行使を怠って不納欠損として処理して市財政に大きな損害をもたらした。この結果発生した欠損金一億二六五六万円を市長は市に返還することを求める。
受付日＝平成一〇年三月六日受付
監査結果＝平成一〇年四月二二日棄却

【事案③】
請求相手＝市長、財務部長等
請求人＝〇〇〇〇ほか七名
請求内容＝平成八年度一般会計市税不納欠損額約一億二六〇〇万円のうち、つくば市の職務執行者が法令等に違反して滞納者の財産の差押えを行わなかったことにより生じた損害額を徴収責任者又は市長及び財務部長に対し弁償することを請求する。
受付日＝平成一〇年五月一日受付
監査結果＝平成一〇年五月×（ママ）日却下

【事案④】
請求相手＝市長、総務部長

請求人＝○○○○○ほか一名

請求内容

・市長は、つくば市が補助参加するための費用六二一万八〇〇〇円を地方自治法第一七九条により専決処分した。専決処分の違法性について主張しているが、住民監査請求は具体的な財務会計上の行為又は怠る事実と限定されているため、監査委員の監査権限外であり監査対象外とした。

・弁護士に支払った着手金四七一万一一四〇円は第二東京弁護士会報酬会規に違反する不当に高額なものであり、会規に従って正当な着手金を計算すれば四九万円となり、市に対して、差額の四二二万一一四〇円の損害を与えたことになる。従って、弁護士との契約締結及び着手金の算定に係わった市長及び総務部長に対して四二二万一一四〇円を弁償することを求める。

受付日＝平成一一年三月一七日受付

監査結果＝平成一一年五月一〇日棄却

【事案⑤】

請求相手＝市長

請求人＝○○○○○ほか一名
請求内容＝専決処分の違法性について監査され、違法と認められれば専決処分をした市長に対し、水戸地裁に対する補助参加申立及び関連する東京高裁に対する控訴を取下げると共に、平成一〇年七月二九日に締結した弁護士との補助参加委託契約を取り消すことを請求する。
受付日＝平成一一年三月二五日受付
監査結果＝平成一一年四月二二日却下

【事案⑥】

請求相手＝前市長、前財務部長等
請求人＝○○○○ほか七名
請求内容＝前回と請求内容は同一であるが、行為者が前市長及び前徴税吏員の最高責任者として請求してきた。
受付日＝平成一一年八月一九日受付
監査結果＝平成一一年九月三〇日却下

【事案⑦】

請求相手＝議会事務局管理課長、出納室長
請求人＝○○○
請求内容＝平成一二年一二月定例会にて設置され市長からの異議により再議に付され再度の議決により設置された筑南水道企業団に係わる一○○億円借入事件に関する調査特別委員会の委員等に対し議会事務局及び出納室の判断及び決裁により支払われた費用弁償のなかに根拠を欠く不当な公金の支出があった。行政行為の公定力の発生に鑑み不当な公金の支出行為と考えざるを得ない。この支出によって市の被った損害補てんに必要な措置として、不当な事務処理をした期間に在任していた議会事務局管理課長及び出納室長が連帯して損害（四一万五○○○円）を賠償することを請求する。
受付日＝平成一三年六月一二日受付
監査結果＝平成一三年八月七日棄却

【事案⑧】
請求相手＝市長、新線室長、財務部長
請求人＝○○○
請求内容＝つくばエクスプレス沿線各地区まちづくり協議会補助金の一部に不当な支出がある

ので、当該補助金交付を是正するか、市長、新線室長及び財務部長が連帯して支出相当額を市に弁済することを請求する。（当該補助金支出の必要性及びその効果を示す報告書または証拠がない。証拠書類とされる各集落の代表会員の受領者には、当該補助金が何の費用に充当されたかを示す記載がなく、使途不明のまま補助金が支出されたのは不当である。）
受付日＝平成一五年三月二四日受付
監査結果＝平成一五年四月九日却下（概算払日が一年経過）

【事案⑨】
請求相手＝市長、保健福祉部長、財務部長
請求人＝○○○○
請求内容＝つくば市遺族連合会補助金の大部分が不当な支出であるか、または手続き違反であるので、当該補助金等交付を是正するか、または市長、保健福祉部長及び財務部長が連帯して不当支出額を市に弁済することを請求する。（つくば市補助金等交付適正化規則第三条、第三条の三、第一四条、つくば市会計規則第四二条、第六二条違反）
受付日＝平成一五年七月一八日受付
監査結果＝平成一五年九月一六日棄却

【事案⑩】

請求相手＝市長、収入役、新線推進室長、建設部長、財務部長

請求人＝○○○○

請求内容＝つくばエクスプレス沿線各地区まちづくり協議会補助金及び圏央道等対策協議会補助金の一部に不当な支出があるので、当該補助金交付の交付額を是正するか、市長、収入役、新線推進室長、建設部長及び財務部長が連帯して支出相当額を市に弁済することを請求する（つくば市補助金等交付適正化規則第三条、第一四条、つくば市会計規則第四二条、第六一条、地方自治法第二三二条の二違反）。

受付日＝平成一五年八月五日受付

監査結果＝平成一五年九月二二日棄却

【事案⑪】

請求相手＝現市長、前市長（元筑南水道企業団企業長）、水道事業管理者、元筑南水道企業団総務課長

請求人＝○○○○ほか三名

請求内容＝元筑南水道企業団次長兼局長心得による一〇〇億円不正借入事件により市が蒙った損害及びその訴訟に係る過剰な支払いによる損害を、現市長、前市長（元筑南水道企業団企業長）、水道事業管理者、元筑南水道企業団総務課長が、それぞれの責任に応じ連帯して市に弁済することを請求する。
受付日＝平成一七年一一月二四日受付
監査結果＝平成一八年一月一八日棄却

【事案⑫】

請求相手＝市長、助役、元市民環境部長、環境保全部環境課新エネルギー推進室長
請求人＝〇〇〇〇ほか三名
請求内容＝平成一六年度一般会計において支出した小型風力発電機設置関連の財務会計行為には重大な瑕疵がある。現市長、元助役、元市民環境部長及び新エネルギー推進室長は連帯して、この不当支出相当額を市に弁済することを請求する。
受付日＝平成一八年一月二七日受付
監査結果＝平成一八年三月二七日棄却

【事案⑬】

請求相手＝市長

請求人＝〇〇〇

請求内容＝平成一七年度茨城県市議会議長会主催東南アジア行政視察に、つくば市議会議員四名が参加するために支出した負担金一〇〇万円は、議長会が支出の目的を逸脱した使途に使用したことにより不当利得となる。市長は、議長会に対し、負担金の返還を求めることを請求する。

受付日＝平成一八年六月一六日受付

監査結果＝平成一八年八月一〇日棄却

【事案⑭】

請求相手＝市長、助役、収入役、前財務部長、都市建設部長、都市建設部次長、前都市整備課長

請求人＝〇〇〇〇ほか三名

請求内容＝土地区画整理事業の債務清算のため薬師土地区画整理組合へ支出した平成一七年度補助金一億一五〇〇万円は、法的根拠が存在しない違法な支出である。当該支出を取

り消すか、市長等七名が連帯して損害額を弁済することを請求する（地方自治法第二条第二、一四、一六項、第二三二条の二、土地区画整理法第一一八条、つくば市補助金等交付適正化規則第三条違反）。
受付日＝平成一八年九月一四日受付
監査結果＝平成一八年一一月一〇日棄却

以上の内容から明らかなように、住民からの監査請求は、過去一〇年間で計一四件、一年に平均一・一六件である。全国的に不信感が蔓延している監査委員制度に基づいて、住民が監査を請求するのはよくよくのことだが（訴訟を提起する場合、その前に監査を経なければならない――いわゆる「監査請求前置主義」――ので、仕方なくという面もある）、この全てが棄却ないし却下されている。

以上の案件のうち、事案④については、監査請求は棄却されているにもかかわらず、その後、着手金は返還されている。

また、事案⑫については、監査請求が棄却された後、発電しない風車の事業責任を問ういわゆる「風車訴訟」として二つの裁判で争われている。一つは、つくば市が風力発電事業の業務委託先の早稲田大学を相手に訴えたものであり、もう一つは、住民が市長と当時の助役、新エネルギー推進室長を相手に訴えたものである。

前者の早大訴訟で、東京地裁は二〇〇八年九月、早稲田大学の過失を認めたが、同時に市にも「早大側の調査結果を鵜呑みにした」過失があったとして、市の約二億九〇〇〇万円の賠償請求を九〇〇〇万円減額し、早大に約二億円の支払いを命じた。控訴審の東京高裁は、二〇一〇年一月、市の過失のほうが格段に重いとして、早大の過失割合を一審の七割から三割に減らし、早大の賠償額を約九〇〇〇万円とした。

後者の住民訴訟では、水戸地裁は二〇〇九年三月、当時の実務担当者の新エネルギー推進室長に約三一〇〇万円の賠償を命じた。控訴審では、東京高裁は二〇一〇年二月、当時の新エネルギー推進室長に約三一〇〇万円の賠償を命じたのみならず、当時の助役にも約四六〇〇万円の賠償を命じた。

いずれの訴訟においても裁判所は、程度はともかく、市および職員の過失を認定している。住民の監査請求の内容が実質的に認められたことになる（二〇一〇年三月現在、訴訟は継続中であり、市は、弁護費用として早大訴訟で約三二九〇万円、住民訴訟で約四〇〇〇万円を支出）。また、環境省は、本件風力発電事業への交付金一億八五〇〇万円の返還命令を出し、市はこれに応じている。

この訴訟提起以前、先述のように、つくば市の監査委員は住民の監査請求をあっさりと棄却していた。監査は、つくば市監査委員条例第四条上、原則として、請求受理から六〇日以内に行わなければならないことになっており（この規定は地方自治法第二四二条五項を受けている）、本件の監査結果も受付から六〇日後に出されている。しかし、六〇日以内という期間については、「特別の事由があると認めるときは、この限りでない」という定めがあり、案件によっては六〇日以上の審査期間をとることは可能である。本件についても案件の複雑さからしておよそ六〇日以内に結論を出すのは相当に困難であり、十分に審査せずに棄却の結論を出したとしか言いようがない。

監査業務に詳しい公認会計士の守屋俊晴氏は、「監査の本質は、『記録の事実の表示』を批判的に検証するものである。さもないと重要な事実を見逃すことがある」と指摘する（『地方自治体の情報公開と監査』中央経済社、一九九七年）。本件風力発電事業に関係する記録を、つくば市の監査委員が十分批判的に検証したようには思えない。

もっとも、あらゆる案件について十分な審査期間をとるべきということではなく、また、とる必要もない。監査委員が慎重審査を理由にしつつ、実際には審査を放置し意図的に時間を浪費する場合があり得る。これも許容されるものではない。原則的には六〇日ルールは維持されなければならず、例外的に案件の内容と性質上で「特別の事由」があれば、その事由と延長期間を明らかにして六〇日以上の審査期間をとるべきということである。

既述の過去一〇年間の一四件の監査請求について、請求者への回答文書には結果の理由は記されているのであろうが、少なくともオンブズマンへ送付された文書には、事案⑧以外は棄却ないし却下の理由は付されていないので、いかなる理由で棄却ないし却下されたのか不明である。

そもそも住民の監査請求に対して、事案④と事案⑫の監査請求のみならず、監査委員がまともに審査しているのか疑念がある。旧自治省の官吏であった宮元義雄氏は、自治体での汚職事件は「監査委員の監査にも直接・間接関係があり、監査で見逃されたばかりに事件の早期発見ができなかったり、予防排除できなかったりしている例がある」と述べているが（『官官接待と監査―情報公開と市民オンブズマン―』学陽書房、一九九七年）、このことは、つくば市も無関係ではあり得ないであろう。

監査での見逃しは、監査委員の審査能力とも関係がある。少なくとも前記の一四件の住民監査請求の審査においては、単に会計・財務能力のみでなく、総合的な法的分析能力が要求される。ところが、たとえば現在のつくば市での監査委員は、公認会計士、元郵便局長、市会議員の三名である。客観的に適正な審査が可能か、疑問といわざるを得ない。監査委員の総合的な法的分析能力の欠如は、つくば市に限られるものではないが、つくば市の監査委員の構成からしても、監査委員制度が適正に運営され得るようには考えられない。

また、事案⑧の却下理由は、「概算払日が一年経過」であるが、これは、住民監査請求は「当該行為のあった日又は終わった日から一年を経過したときは、これをすることができない」（地方自治法第二四二条二項）という定めに基づいている。同時に、「ただし、正当な理由があるときは、この限りでない」（同項）と定められているが、最高裁の判例は、この「正当な理由」をかなり限定的に解釈している。

「当該行為のあった日又は終わった日から一年」以内は、住民が常時、行政を監視していないかぎりは難しく、住民に過度の負担を強いるものである。この規定は、たとえば、「当該行為を知った日から一年を経過したときは、これをすることができない。又は当該行為のあった日又は終わった日から五年を経過したときは、これをすることができない」という文言等へ改正するのが妥当であろう。

しかも、監査委員制度を維持・運用するために支出されている公費も低額ではない。たとえば、つくば市の監査委員費は二〇〇七年度予算で約五九一二万円であり、監査委員事務局は事務局長以下六名の職員で構成されている。他方、オンブズマン費は二〇〇七年度予算で約四〇〇万円である。地方自治法第二条一四項は、地方公共団体は、その事務を処理するに当たっては、「最小の経費で最大の効果を挙げるようにしなければならない」と定めているが、この「最小の経費で最大の効果」は、自治体の事務処理上の原則であると同時に、監査委員の監査職務上の原則でもある（地方自治法第一九九条三項）。つくば市での監査委員制度は、その監査内容の既述のような実態からして、「最小の経費で最大の効果」を挙げているようには判断され得ない。

この問題は、当然、つくば市に限られるものではなく、全国の自治体の監査委員制度に共通するものであるが、このことから、現行の地方自治法上の監査委員制度そのものの改革が要求されることになる。そして、監査委員制度の改革は、地方自治法ないし独立の法律で、オンブズマン制度を設置・保障することと一体的になされる必要がある（これについては後述）。

また、監査委員制度の改善との関係で、一九九七年六月、外部監査制度が地方自治法改正により導入された（翌年一〇月から施行）。

外部監査制度は、外部監査契約に基づく監査であり、包括外部監査と個別外部監査がある。つくば市は、個別外部監査を採用している（「つくば市個別外部監査契約に基づく監査に関する条例」二〇〇八年三月二五日制定、同年四月一日施行）。個別外部監査は、市民がその住民監査請求について、監査委員の監査に代えて個別外部監査契約に基づく監査によることを求めた場合等に行われることができる。この制度の維持・運用のためのつくば市の予算（個別外部監査委託料）は二〇〇八年度で約五〇〇〇万円であり、これまでの実績は毎年一件程度である。

外部監査制度は、「地方公共団体の監査機能の専門性・独立性の強化という観点」および「地方公共団体の監査機能に対する住民の信頼を高めるという観点」という二つの観点に基づいて導入されたものであるが（地方制度調査会『監査制度の改革に関する答申』一九九七年二月）、しかし、この制度は、行政監査を包括外部監査の対象外にしていること、外部監査はあくまで監査委員の「補助者」と位置づけられていること（白智立『日本の行政監察・監査』法政大学出版局、二〇〇一年参照）、および外部監査を行う際の実際の外部監査人としての契約相手の選任と契約の仕方、規模、実績等からして、地方制度調査会答申のいう「監査機能の専門性・独立性」、「住民の信頼を高める」という点において、部分的には一定の意義がないことはないが、既成の監査委員制度の抜本的な改革に役立つとはとうてい考えられない。（なお、外部監査制度の実態については、全国市民オンブズマン連絡会議包括外部監査評価班が一九九九年度から毎年出している『包括外部監査の通信簿』が参考になる。）

三　公的オンブズマンの制度設計

1　能動的、一般的な行政監視型のオンブズマン制度の設置を法律上で保障

既述のように、全国的に自治体における公金の不正ないし不当な支出・使用の事例は後を絶たず、公務員の不祥事も少なくなく、こうした状況に有効に対処することができる公的オンブズマンの制度が広くかつ強く要求されている。

また、今後、自治体の権限が拡大・強化されることになった場合、その拡大・強化された権限の行使を公正かつ厳正に監視するために、いっそう行政監視型のオンブズマンの制度の設置の必要性が高まってくる。しかし、自治体の条例、要綱等でもって公的オンブズマンの制度を設置しても、その制度は極めて限られた役割しか果たせない。

まず、公的オンブズマンが自治体の条例、要綱等で設置されるかぎり、自治体の首長の意思で、オンブズマン制度が廃止される可能性は常にある。公的オンブズマン制度の安定的発展およびオンブズマンの権限と地位の保障のためには、国民一般の意思の発現としての法律すなわち地方自治法を改正して、自治体での公的オンブズマン制度の設置を一般化しなければならず、かつ、このことは同時に現行の監査委員制度の見直しを要求する。あるいは、これらの課題に

対して、新たに法律——たとえば自治体オンブズマン法——を制定することによって対処することも考慮されてよい。

次に、日本では、各自治体での現行の公的オンブズマン制度は「苦情処理係」的なものがほとんどであるが、この種のオンブズマンの活動は、苦情が持ち込まれて活動するという意味で「受動的」、「受身的」、「個別的」とならざるを得ない。公的なオンブズマン制度が、行政を監視し、かつ自治体の活動を活性化する一翼を担うには、受動的、受身的な活動ではその存在意義はあまりなく、「能動的」、「一般的」な活動を行うことができてはじめて、その存在意義が高まる。この能動的な活動を地方自治法で、ないし独立の法律で確固として保障しなければならない。

この場合、公的オンブズマン制度の設置についての法律上の規定は、その制度の最低限の保障内容（いわば最低限基準）を定めるにとどめ、最低限以上の保障内容については、各自治体の創意工夫によって条例で定めることができるようにし、このことによって公的オンブズマンによる行政監視システムの自治体ごとの多様で特色ある展開を担保することにする。

それでは、公的オンブズマンの法律上の最低限の保障内容は、具体的にはいかなるものであるべきか。以下、検討する。

2　監査委員とオンブズマンの職務の再構成

自治体において公的オンブズマンの制度を設置する場合、既成の監査委員制度を廃止しないまでも、監査委員の職務を削減して、その職務を、会計・財務・経営等の定期監査、随時監査、決算監査に特化し（このうち、予算執行の問題点を洗い出すために、特に決算監査に重点を置くべきである）、公的オンブズマンの主たる職務として、行政監査、住民の直接請求に基づく監査、住民監査請求に基づく監査、議会からの請求に基づく監査、オンブズマンの発意に基づく行政全般（自治体の法規その他制度上の問題を含む）の調査・監視活動等を担当させ、かつこれらに加えて、従たる職務として苦情処理的機能を果たさせることもできるとする。苦情処理的職務のオンブズマンへの付与は自治体の選択に任せ、必須的とはしない。場合によっては、苦情処理的機関は、公的オンブズマンの制度とは別に設置されてもよい。

上記のうち、現行の監査委員の行政監査（一九九一年の地方自治法改正で監査委員の職務に付加）とは、普通地方公共団体の事務の執行についての監査のことである（同法第一九九条二項）。これを受けて、たとえば、つくば市監査基準は、「必要があると認めるときにつくば市の事務又はつくば市の執行機関の権限に属する機関委任事務の執行が、合理的かつ効率的に行われているか、法令等の定めるところに従って適正に行われているかどうかを主眼として適時に実施するもの」と定めている。つまり、自治体の事務の執行の合理性・効率性の監査と適法性の監査の両方を含む。

現行法上の行政監査は、監査委員が必要であると認めるときに実施することができるが、しかし、監査委員制度の強化のために導入された行政監査の各自治体での実施率は、実際には極めて低い。この行政監査の職務を監査委員からオンブズマンへ移して、それをオンブズマンの主たる職務の一つと位置づけ、行政監査を活性化させる必要がある。

3 監査委員とオンブズマンの選任方法

監査委員の選任については、現行のままでは妥当でなく、監査委員制度を実際上で市民に有用なものとしたいのであれば、最低限、地方自治法第一九六条を改正することが必須的に要求される。

具体的には、同法第一九六条一項について、「監査される側」が直接的には関与できない方法で監査委員を選任できるように改正すべきである。これは、監査委員制度が公正に機能するかどうかの最低限の条件である。また、同法第一九六条二項についても、公正の観点から、当該自治体の元行政職員を監査委員に選任できないように改正しなければならない。これらのことは、当然に公的オンブズマンの選任にも適用されるべきであり、監視される側がオンブズマンの選任に関与できるのは本質的に問題である。

公的オンブズマンの選任に監視される側が直接的に関与できない方法をとることには、中身が大事だとして、必ずしもこだわらない論もあるが、現行の監査委員制度と公的オンブズマン制度の実態からして、少なくとも日本においては、監査ないし監視される側が監査委員ないし公的オンブズマンの選任に直接的に関与してはならないという要件は軽視されるべきではない。この要件は、公的オンブズマンは公正、公平に職務を遂行する上で、十分条件ではないにしても、必要条件である。

具体的には、監査委員とオンブズマンの公選制も選択肢の一つとして考えられるが、政争と一定の距離を置くという意味において、議会が議員と行政職員（元職員を含む）以外から選任した委員で構成される独立の公職任命委員会が監査委員とオンブズマンを選任するという方法が、より望ましいであろう。

他方、行政側に任命されるフランスの中央のオンブズマン（メディアトゥール）の制度を持ち出して、監視される側がオンブズマンの選任に関与することを正当化する論があるが、これは的はずれである。フランスのオンブズマンは、行政府からの独立が強く保障され、かつ行政の責任者に対する懲戒手続や訴追も可能とされており（枝根茂「世界九ヵ国のオンブズマン制度の現状と課題（上）」『ジュリスト』一〇五四号参照）、また、苦情・紛争とは必ずしも結びつかない、行政改善に関する個別の求めから一般的な問題点を抽出し、制度改革提案につなげることが重視されているとされる（衆議院調査局〔山本浩慎〕『議会と会計検査院、オンブズマン―委員会の調査・審議における行政監視機関の活用―』二〇〇七年一一月参照）。日本の自治体での現行のオンブズマン制度を正当化するために、形式的に他国の事例を援用すべきではない。

4　オンブズマンの独立性の法的保障

公的オンブズマンは独立性が法的に保障されなければならない。現行の自治体の公的オンブズマンの制度は、地方自治法の解釈上のしばりもあり、その法的性格は、地方自治法第一三八条の四第三項に基づく執行機関の附属機関、地方自治法第一五三条一項に基づく首長の補助機関、首長の私的諮問機関等と位置づけられている。これらにおいては、オンブズマンの独立性は本来的に弱い。この問題は、立法的に解決されなければならない。「独立」は、オンブズマンの選任母体を含む、あらゆる組織・機関からの独立を意味する。

現行の公的オンブズマンの制度においても、その独立性の「尊重」が語られるが、それは法的に保障されたものではなく、究極的には精神訓話的な域を出るものではない。

また、独立性との関連では、いくらか形式的であるが、実質的には重要な条件として、事務局の設置場所は川崎市の場合のように、当該自治体の庁舎外に置かれなければならない。また、オンブズマン事務局の独立性を担保するために、本来的には、事務局員は、公的オンブズマンの指揮下で、その制度を維持・運用するために雇用された専門調査委員、職員で構成されるのが妥当であろう。現行の公的オンブズマン制度において、事務局内に専門調査委員が配置されている場合、地方自治法上、その選任権は自治体の首長にあり、専門調査委員（同法上は「専門委員」）は、自治体の「長の委託を受け、その権限に属する事務に関し必要な事項を調査する」ことになっている（同法第一七四条）。

この規定は、オンブズマンの事務局内の専門調査委員、職員の独立性が保障されるように再検討されなければならない。

現行では、たとえば川崎市のオンブズマンの事務局は、専門調査員と自治体職員（出向職員）で構成されているが、この場合は、当面は最低限、自治体職員は専門調査員の指揮下で職務を遂行すると位置づけられるべきであろう。他方、事務局員を出向職員の自治体職員のみで構成するのは望ましくない。

自治体職員の事務局員との関連で、一九九八年に北海道で開催された「地方自治体における行政オンブズマン制度フォーラム」において、林屋礼二氏（当時、宮城県県政オンブズマン）

は、「県の職員でもオンブズマンの事務局に入るならば、もう県の職員ではない」という姿勢が必要であると語った。確かにこの姿勢は要求されるにしても、しかし、これは職員の側での精神面の姿勢であり、その維持には限度がある。

同じフォーラムのシンポジウムにおいて、船水博氏（道政改革推進委員会委員）が指摘しているように、役人の行動には「役人ならではのパターンができあがって」おり、オンブズマン事務局に入ったからといって「なかなかすぐに切り替われるものではない」ものである（前出『地方自治体における行政オンブズマン制度フォーラム報告書』）。状況によっては、「オンブズマンの活動がいわば行政に筒抜けになっている」場合がある（多賀谷一照「オンブズマン制度――その理念と運用」篠原、林屋編・前出『公的オンブズマン』所収）。このことは、筆者もつくば市でのオンブズマンの実践中に痛感した。

なお、オンブズマンの地位について、「中立」という言葉が使われる場合が少なくない。しかし、中立という表現は必ずしも妥当でない。オンブズマンは、市民と行政の間の真ん中に立って仕事をしているわけではない。あくまでも、市民と行政の両方から「独立」して、「公正・公平」に職務を遂行するものである。公正・公平な職務遂行の結果、市民の側に立つこともあれば、行政の側に立つこともある。また、場合によっては、いずれの側にも立たない見解を出すこともある。つまりは事案次第ということである。オンブズマン制度の要点は「独立」、「公正・公平」であり、「中立」ではない。

5　オンブズマンの職権の法的保障

公的オンブズマンは、客観的に適正な職務の執行のために、行政機関へのオンブズマンの立ち入り調査権、あらゆる公文書の閲覧権、公務員に対する懲戒権（オンブズマンの調査への非協力行為に対する懲戒権を含む）、違法行為の告発権等が法的に保障されるべきである。また、イギリスの地方オンブズマン制度におけるように、証人の出頭・尋問の権限も検討されてよい（安藤高行『情報公開・地方オンブズマンの研究』法律文化社、一九九四年参照）。

その他、スウェーデンのオンブズマン制度にある訴追権は興味深いが（フランク・スティシイ〔宇都宮深志、砂田一郎監訳〕『オンブズマンの制度と機能―世界10か国の比較研究―』東海大学出版会、一九八〇年、D・C・ローワット〔川野秀之監訳〕『世界のオンブズマン構想』早稲田大学出版部、一九八九年参照）、日本において告発権を越えて訴追権まで認めるのは、日本の司法制度に関係する法律の改正を必要とするであろう。スウェーデンにおいては、当初と異なって、実際に訴追権が行使されることは極めて少なくなっているが、「当該手段をとり得るというだけで国会オンブズマンの権威は著しく増加する」（衆議院憲法調査会事務局『「議会オンブズマンその他の行政に対するチェックの仕組み」に関する基礎的資料』二〇〇四年一〇月）のは確かである。

上記のうち特に公的オンブズマンの情報収集・文書閲覧権はその職務の適正な遂行に不可欠であり、この点についての篠原氏の「公開されている情報だけで問題の解明をすることは不可能であり、オンブズマンは公的機関のもっているあらゆる情報を閲覧することができなければならない。そしてこのオンブズマンの請求に従わない公務員は処罰の対象とならざるをえない」（前出「オンブズマン制度の出発」ジュリスト九六六号）という指摘は正当である。

公的オンブズマンのあらゆる情報・文書の収集・閲覧権と懲戒権は、ある意味で、オンブズマン制度の成否を決定する要件であると考えられる。この収集・閲覧権の要点は、「あらゆる情報・文書」である。非公開情報については、オンブズマンの「イン・カメラ閲覧」（密室閲覧）の方法を用いれば問題は全くない。行政側は、自分たちに不都合な情報を自主的に提出しようとはしない。これは、行政の習性に近いものである。

民間の私的オンブズマンが自治体の違法ないし不当な行為を追及する有力な手段は、情報公開法と情報公開条例に基づいて自治体情報を収集し、情報を収集後にかかりに自治体の違法ないし不当な行為を見出した場合、それについて監査委員に監査を請求し、この請求が却下ないし棄却された後に地方自治法上の住民訴訟を提起するという段取りをとることであるが（情報公開請求、住民監査請求、住民訴訟は私的オンブズマンの「三種の神器」ともいわれる）、これには相当の時間、労力、資金力を必要とし、本来的に大きな制約がある。

たとえ私的オンブズマンが情報公開請求しても、非公開に指定される情報も少なくなく、また、「いざ公開された資料を見てみると、都合の悪い部分はプライバシー保護だとかなんとか理由をつけて、見事な黒塗りにされていたりする。限り無く黒に近い不透明な情報公開でしかない」（窪則光『この指とまれオンブズマン』花伝社、一九九九年）という現状も無視できない。

公文書の公的オンブズマンの閲覧権については、自治体が設置する審議会、懇話会等に関わる公文書についてもその閲覧権の対象にすることが妥当である。特に自治体の付属機関である審議会の公文書についてはすべて閲覧権の対象にすべきである。公的オンブズマンのこの閲覧権は、その権限の性質上、審議会の会議が市民に公開か非公開かによって影響を受けるものではない。

たとえば、人口が約二一万の規模のつくば市において、二〇〇九年一二月現在、審議会等（市の付属機関）は四一、懇話会・懇談会等は三二もあり、これらのなかには実態的にどのように機能しているのかよく分からないのが多くある。これほど多数の審議会、懇話会等の設置は、行政の責任の不透明化につながるだけでなく、設置された審議会、懇話会等を維持・運用するための無駄な公費支出、行政職員の勤務時間の非効率的な使用が常態化している可能性もある。また、他の自治体におけるような「カラ懇談」(仙台市民オンブズマン『官壁を衝く』毎日新聞社、一九九九年)もあるかもしれない。

自治体行政を公正に監視する職務を担う公的オンブズマンにとって、公文書を閲覧できない領域が自治体行政の内部にあってはならないであろう。

また、オンブズマンは、報道機関に対して事案の処理の内容と結果を定期的に発表することによって、適宜に市民の知る権利に奉仕することが必要と考えられる。少なくとも、オンブズマンが重要と判断した事案については不定期でも発表すべきであろう。現行の各自治体のオンブズマンの処理状況は、通常、年度末ごとに事務局がその年度内の事案をまとめて発表しているが、これでは事案処理の行政上の教訓的意味を時期的に失する可能性がある。事案処理の公表権は、オンブズマン制度の性質上、オンブズマンが本来的に有しているものである。

6　オンブズマン制度の維持・運用費

公的オンブズマン制度の運用・維持費については、新たに純増の予算手当を行う必要はなく、現行の監査委員制度の予算の枠内で再配分することで十分可能である。また、すでに公的オンブズマン制度が設置されている場合は、監査委員費と公的オンブズマン費を合わせて予算配分すればよい。

たとえば、つくば市の場合、監査委員制度とオンブズマン制度の維持・運用のための現行の予算は、監査委員予算約六〇〇〇万円＋外部監査委託料約五〇〇万円＋公的オンブズマン予算約四〇〇万円の総額約六九〇〇万円であるが、監査委員とオンブズマンの職務の内容からして、一つの案として、この総額の三分の一の二三〇〇万円を会計等の監査に特化した監査委員費として予算配分し、残りの四六〇〇万円を公的オンブズマン費として予算配分することも考えられてよい。

なお、オンブズマン予算は原則的には最低限、前年度の予算額が保障され、予算の増減についてはオンブズマンに意見表明権が認められるべきである。

7　オンブズマンはその自治体の住民等でないこと

かなり形式的な条件であるが、公的オンブズマンの就任者は、当該自治体内での住民、就職者、法律事務所開設者（弁護士がオンブズマン就任を依頼されることが多い）等でないのが望ましい。

この条件については、当該自治体の住民等のほうが、当該自治体の実態をよく知っており、身近な問題として真剣に職務を遂行するとして反対する論もあり得る。しかし、公的オンブズマンの本来の任務は公正、公平に職務を果たすことであり、この点で、当該自治体内の住民、就職者、法律事務所開設者等は何らかの形で当該自治体と関係がある。場合によっては利害関係もあり得る。就任当時は利害関係がなくても、過去にあったかもしれないし、将来あるかもしれない。公正、公平な職務遂行の徹底のためにも、公的オンブズマンの就任者は、当該自治体の外の住民、就職者、法律事務所開設者等であるのが妥当である。

以上、公的オンブズマンの制度設計を考察してきたが、宮元義雄氏は、「地方オンブズマンがもし制度化されるとすると、単に苦情処理とか行政相談だけで済まされるのでなく」、「議会による行政の統制の補完の役割から立法と証人の宣誓を除き、強大な権限を有するように、議会、長その他の執行機関に対し強力な措置がとれるように位置づけがなされないかぎり、制度化しても現行監査委員と同じような第二監査委員になってしまうおそれがある」という（前出『官官接待と監査』）。

もっとも、現行監査委員の問題は、それが権限を有していなかったことによるのではなく、有している権限をまともに行使してこなかったことによるのであるが、この点は別にして、公的オンブズマンが「単に苦情処理とか行政相談だけで済まされる」とすれば、公的オンブズマンの制度はさほど議論に値するものであるとは考えられない。

四　導入を検討すべき特殊オンブズマン
―特に学校教育オンブズマンと自衛隊オンブズマン―

三で論述した公的オンブズマンの制度設計は、「一般オンブズマン（総合オンブズマン）」を念頭に置いている。しかし、このことは、行政の中の特定の分野で設置される「特殊オンブズマン（部門オンブズマン）」の重要性を否定するものではない。

地方においては、特殊オンブズマンとして、これまで「福祉保健」関係、「人権」ないし「子どもの人権」関係でオンブズマンが設置されてきているが、これらの他にも導入が望まれる特殊オンブズマンが存在する。

導入の必要性が特に高い特殊オンブズマンの一つとして、中央と地方の学校教育オンブズマンがある。つまり、文部科学省の教育行政を監視する中央学校教育オンブズマンと地方（教育委員会を含む）の教育行政を監視する地方学校教育オンブズマン（県レベルの学校教育オンブズマンと市レベルの学校教育オンブズマン）である。

教育現場は現在、いじめ、登校拒否、暴力行為（生徒間暴力、対教師暴力、対人暴力、器物損壊）、中・高生の薬物乱用、学力・体力の低下、学級崩壊、インターネット・携帯電話の利用上の問題、教育格差、教育費の負担、家庭教育の弱化、保護者の孤立化、教員の多忙化・疲弊化、教員の資質・能力、学校運営のあり方等、種々の深刻な問題をかかえている。

学校教育オンブズマンは、教育内容に関与すべきではないが、教育行政を監視する任務、および教育行政との関係で生徒、保護者、教職員の正当な権利・利益を保護する任務をオンブズマンに付与した制度を創出することを早急に検討すべきである。この学校教育オンブズマンの制度を有効に機能させるためには、関連の法令の改正ないし新立法によって、オンブズマンの選任方法及び独立性と権限を明確に定める必要がある。学校教育オンブズマンの導入は、中央と地方における教育行政の公正性、透明性、実効性の向上に大きく資するであろう。

導入の必要性が高い特殊オンブズマンの制度は他にも存在する。諸外国においては、次のような特殊オンブズマンが既に設置されている（ただし、これらに限られない）。

＊軍隊を監視し、軍隊内での兵士（家族）の権利を保護するための軍事（軍隊）オンブズマン
＊警察行政を監視する警察オンブズマン
＊刑務所（監獄）行政を監視する刑務所（監獄）オンブズマン
＊司法行政を監視する司法オンブズマン
＊情報公開行政を監視するための情報公開オンブズマン（情報コミッショナー）
＊プライバシー保護行政を監視するプライバシー・オンブズマン（プライバシー・コミッショナー）
＊消費行政を監視する消費者オンブズマン
＊環境行政を監視する環境オンブズマン
＊マイノリティ行政を監視するマイノリティ・オンブズマン
＊医療行政を監視する医療オンブズマン
＊税務行政を監視する税務オンブズマン
＊報道倫理の維持を目的としてマスコミ報道を監視する報道（プレス）オンブズマン

これらの特殊オンブズマンは、日本においても導入を検討する価値は十分にある。とりわけ、

直接的に実力的権力を行使し、かつ閉鎖的体質が強い組織体である自衛隊、警察、刑務所（監獄）においては、オンブズマン設置の必要性は高い。これらについて、ここで詳しく論じる余裕はないが、軍事オンブズマン（日本では自衛隊オンブズマン）についてのみ簡潔に論及しておく。

軍事オンブズマンの制度は、スウェーデン（一九一五年）に始まり、その後、フィンランド（一九一九年）、ノルウェー（一九五二年）、デンマーク（一九五三年）、ドイツ（一九五六年）、カナダ（一九九八年）等で導入されている。

このうちドイツを例にとると、同国の軍事オンブズマンの設置は、ドイツ連邦共和国基本法（ボン基本法）の第四五b条が、「基本権を保護するため」、および「連邦議会が議会による監査を行なう際の補助機関として」、連邦議会の「防衛監察委員 Bundeswehrbeauftragter」（「国防専門員」、「国防受託者」、「軍事コミッショナー」とも訳されている）が任命される、と定めていることに基づいている。

軍隊内での基本権の保護は、ドイツ連邦軍内のいわゆる「内部指導の原則」すなわち「軍人は一般市民と同等の権利を有すること。権利の制限が、軍務の要請の範囲内においてのみ、かつ、法律に基づいてのみ行なわれこと」（軍人法第六条）という理念等を基礎としている。

連邦議会が総議員の過半数で、一名の軍事オンブズマン（防衛監察委員）を任命し、その任期は五年（再任可）である。軍事オンブズマンは、約六〇人の職員を擁して、強力な調査権を行使し、必要な措置を要請ないし勧告する権限を有し、調査結果はすべて連邦議会に報告される。調査対象は、国防大臣を含む国防省および軍の組織・施設・部隊のすべてにおよぶ。軍事オンブズマンの任務は、軍隊の監視と軍隊内（軍人および家族）からの訴願の処理である。調査は、①連邦議会や防衛委員会の指示、②自らの裁量、③軍人（家族）からの訴願のいずれかによって開始される。訴願数は、毎年、五〇〇〇～七〇〇〇件に達する。

軍事オンブズマンの権限は、より具体的には、関係機関に問題解決の提案・勧告を行なう「事案解決提案・勧告権」、刑事手続や懲戒手続の開始権限を持つ官署に通告し、関係書類を送達することができる「懲戒・刑事裁判所への事件の送達権」、国防大臣に懲戒権行使に関する総括報告を要求したり、権限を有する連邦や州の機関に軍隊や軍人が関与している刑事事案についての統計報告を要求できる「報告請求権」、その任務領域に関連する刑事手続や懲戒手続を（審理非公開の場合を含め）、立ち会うこと（傍聴）ができる「裁判立会権」、公訴代理人と同じ範囲で書類を閲覧することができる「裁判関係文書等閲覧権」等を含む。

軍事オンブズマンの報告書は主に連邦議会の国防委員会で審議され、国防委員会は審議後、報告書をまとめ、連邦議会が出す勧告決議の案文を本会議に提出する。本会議において、国防大臣は報告書で指摘された問題点の改善策を説明し、その改善策の実施状況については翌年の連邦議会で報告される（畠基晃「ドイツ国会の防衛オンブズマン─防衛監察委員制度─」『立法と調査』二〇〇九年二月号、衆議院調査局・前出『議会と会計検査院、オンブズマン』等参照）。

以上のドイツの軍事オンブズマン（防衛監察委員、防衛オンブズマン）の制度は、日本の自衛隊組織においても、類似の制度──自衛隊オンブズマンないし自衛隊監察委員の制度──の導入に向けて十分参考に値する。

自衛隊がらみの不祥事は決して少なくない。近年に限っても、次のような事件が起きている。

二〇〇六年一月、防衛施設庁談合事件。九月、北海道の航空自衛隊基地内でセクハラ事件（二〇一〇年七月、札幌地裁はセクハラと認定し、約五八〇万円の賠償を国に命じた。国は控訴を断念）。六月〜九月、自衛隊員による薬物汚染事件が次々に発生（防衛省は毎年六月を薬物撲滅強化期間とする）。

二〇〇七年一月、イージス艦情報漏洩事件。六月、初代防衛大臣の久間章生が原爆投下について「しょうがない」と発言して辞任。一一月、元防衛事務次官の守屋武昌（と妻）が収賄容疑で逮捕される。

二〇〇八年二月、イージス艦「あたご」とマグロはえ縄漁船「清徳丸」の衝突事件（漁船員の二人行方不明、五月に死亡宣告)。同月、海上自衛隊の護衛艦「さわゆき」の海士長が艦内施設に放火して逮捕される。八月、護衛艦「さわぎり」でのいじめ自殺訴訟で、福岡高裁は防衛省に三五〇〇万円の賠償命令を出す。一〇月、海上自衛隊内で「餞別」の対集団格闘訓練による隊員死亡事件。同月、防衛医科大学校病院眼科部長による医療機器汚職事件。同月、航空幕僚長の田母神俊雄の懸賞論文事件。

二〇〇九年二月、自衛隊鳥取地方協力本部で公費不正流用事件。七月、練馬駐屯地内で薬物汚染事件。八月、自衛隊鹿児島地方協力本部で行政機関個人情報保護法違反事件。

以上のような不祥事件とは別に、自衛隊員の自殺数の高さも深刻な問題となっている。とりわけ二〇〇〇年代に入って急増している。ドイツでの兵士の自殺率はドイツ平均の五分の一以下であるが、日本の自衛隊員の自殺率は日本平均よりもかなり高い。

ちなみに自衛隊員の自殺者数は、一九九〇年代は、九〇年＝三五人、九一年＝四八人、九二年＝四二人、九三年＝四四人、九四年＝五三人、九五年＝四四人、九六年＝五二人、九七年＝六二人、九八年＝七五人、九九年＝六二人であった。

ところが、二〇〇〇年代になると自殺者は急増し、最近は高止まりしたままである。具体的には、〇二年＝七八人、〇三年＝七五人、〇四年＝九四人、〇五年＝九三人、〇六年＝九三人、〇七年＝八三人、〇八年＝八三人となっている。

これを自殺率からみると、たとえば二〇〇五年度では、自衛隊員の自殺率は一〇万人あたり三八・七人で、同年度の一般国家公務員は一七・七人、日本平均は二五・五人である。つまり、自衛隊員の自殺率は、一般国家公務員の約二・二倍、日本平均の約一・五倍の高さである。

もともと日本では自殺率が諸外国と比べて高いが（いわゆる先進国の中では最も高い）、それよりもっと高いのである。異様な職場環境といわざるを得ない。


これまでの自衛隊内部での不祥事の深刻さと隊員の自殺率の高さ等からして、自衛隊組織を監視し、かつ自衛隊内の職場環境を改善し隊員（家族）の権利・利益を保護するための自衛隊オンブズマン（自衛隊監察委員）の制度の導入が早急に実現されるべきであろう。防衛省もこの制度の調査に着手しているが、創出されるべき制度の内容は「見せかけ」でなく、実効的なものでなければならない。

第4章　公的オンブズマンの実践

筆者がつくば市オンブズマンとして在任中に対処した事案はすべて『つくば市オンブズマン活動状況報告書』（平成一八年度〜二一年度）に記録されており、かつこれらはインターネット上でも公開されている。紙数の関係上、本書の内容と特に関係がありそうなごく一部の事案に限定し、処理の新しい順で、簡単なコメントを付して以下に紹介する。

なお、ここでの記載は、正式の記録に基づいており、要約された「つくば市オンブズマン活動状況報告書」上の記述より若干詳しくなっているが、正文は本書上のものである。

〔事案A〕消防法違反の放置

［筆者コメント］

本件は、個別の苦情申立の処理を通して、特定の領域での行政の監視と是正につなげることができた事例の一つである。これには、マスコミの報道も有効に作用した。本件勧告について報道したのは、毎日新聞（二〇一〇年一月二三日、一月二九日）、朝日新聞（一月二九日）、産経新聞（一月二九日）、茨城新聞（一月二九日）、常陽新聞（一月二九日）等である。

朝日新聞の記事によれば、オンブズマンの一月一八日付の勧告書が市長に報告があったのは一月二二日夕方ということだが、当日は、毎日新聞記者が取材活動に入った日である。ということは、市長あての勧告書が、記者の取材開始まで市長に渡されないままになっていたということになる。本件は、報道されなかったら、放置期間がさらに延びていた可能性が高い。本件に限らず、筆者の感触からして、オンブズマンの勧告書を市長が実際に目を通しているのか、かなり疑わしいところがある。

本件報道は、オンブズマンの通知に基づくものではないが、広く市民の知る権利に適宜に奉仕するために、今後、少なくとも重要な勧告については、オンブズマンが自ら報道機関に公表する必要がある。

本件は、議会による行政監視の任務の怠慢を象徴する事例の一つであり、議会のあり方を考える上でも重要な素材である。

なお、市長の措置状況報告書は内容的に、勧告書について市民に誤解を与える可能性のある内容を含んでいるので、このことを指摘した文書（市長へ通知）を付記として掲載する。

・勧告通知年月日＝二〇一〇（平成二二）年一月一八日
・つくば市消防長の措置状況報告＝二〇一〇（平成二二）年三月八日
・つくば市長の措置状況報告＝二〇一〇（平成二二）年三月一五日
・付記「つくば市長の措置状況報告書について」二〇一〇（平成二二）年三月二六日

オンブズマンの勧告書（二〇一〇（平成二二）年一月一八日）

一　苦情申立ての趣旨

申立人は以下の趣旨の苦情を申し立てた。

つくば市の市民ホールくきざきの管理上、土日休日の施設稼働日に防火管理者が不在の状態は消防法に違反しており、これは申立人の権利を侵害しているので、改善をしてもらいたい。

当該苦情は、市民ホールくきざきの委託労働者としての申立人の職場が違法状態であるという認識及びその状態への市の対応の仕方を原因としている。

以上の趣旨の苦情申立書を受理し、調査に着手した。

二　調査

(1)　消防法第八条一項は、学校、病院、工場、事業場、興行場、百貨店その他多数の者が出入し、勤務し、又は居住する防火対象物で政令で定めるものの管理について権原を有する者は、政令で定める資格を有する者のうちから防火管理者を定め、防火管理上必要な業務を行わせなければならないと規定し、消防法施行令は、防火管理者の資格（同施行令第三条）、防火管理者の責務（第四条）、共同防火管理を要する防火対象物の指定（第四条の二）その他について規定している。

防火管理者とは、防火に関する講習会の課程を修了した者等一定の資格を有し、かつ、防火対象物において防火上必要な業務を適切に遂行できる地位を有する者で、管理権原者から防火上の管理を行う者として選任された者をいう。

(2) 管理権原者とは、「多数の者が出入し、勤務し、又は居住する防火対象者で政令で定めるものの管理について権原を有する者」を指し、つくば市の場合、市長である。管理権原者には以下の義務が課せられている。

・防火管理者選任の義務（消防法八条一項）

・防火管理者に防火対象物についての消防計画の作成等を行わせる義務（消防法八条一項）

・防火管理者選任（解任）の届出の義務（消防法八条二項）

↓届出を怠った者に対しては罰金、拘留の処罰がある。

〔参照〕消防法第八条一項は、「多数の者が出入し、勤務し、又は居住する防火対象者で政令で定めるものの管理について権原を有する者は、政令で定める資格を有する者のうちから防火管理者を定め、当該防火対象物について消防計画の作成、当該消防計画に基づく消火、通報及び避難の訓練の実施、消防の用に供する設備、消防用水又は消火活動上必要な施設の点検及び整備、火気の使用又は取扱いに関する監督、避難又は防火上必要な構造及び設備の維持管理並びに収容人員の管理その他防火管理上必要な業務を行わせなければならない。」と定め、また、同条二項は、「前項の権原を有する者は、同項の規定により防火管理者を定めたときは、遅滞なくその旨を所轄消防長又は消防署長に届け出なければならない。これを解任したときも、同様とする。」と定め、この届出を怠った者は、罰金三〇万円以下又は拘留に処せられる（消防法第四四条八号）。

(3) 消防長又は消防署長は、消防法八条一項の防火管理者が定められていないと認める場合には、同項の権原を有する者に対し、同項の規定により防火管理者を定めるべきことを命ずることができる（消防法八条三項）。命令に違反した者に対しては懲役、罰金が課せられる。つくば市では、違反処理の主体は消防長である（つくば市火災予防違反処理規程）。

(4) 平成二一年度四月一日からの人事配置のための人事異動の発表後、市民ホールくきざきの土日休日の施設稼働日に勤務予定の職員が防火管理者の資格を有していないことが判明した。

教育委員会のA主任主査（防火管理者の有資格者）が、「つくば市教育委員会の権限に属する事務の補助執行に関する規則」に基づき、くきざき公民館主任主査として、当該市民ホールの管理を担当している。

当該市民ホールの担当職員（四月一日〜）

・B氏→C氏（主任主査、防火管理者の資格を有さない）

・新任の茎崎公民館長（市民ホールくきざきの管理責任者）はD氏だが、同人は防火管理者の有資格者ではない。ただし、土日休日の開館日には出勤している。

消防本部の見解によれば、防火管理者不在日の場合、従事者が代行運用できるとのこと。ただし、基本的には開館日は防火管理者を置くように、当該市民ホールの管理部署である生涯学習課は消防本部から指導を受けている。

〔注〕一二月四日、消防本部の担当係長からの聞き取り調査＝組織（機関）の内部においては、防火管理者の資格を有していない従事者が防火管理者の代行運用をすることができる。しかし、この代行運用は通常の方法ではなく、基本的には施設の開館日には防火管理者を配置するのが望ましい。

なお、市民ホールくきざきは、つり天井の工事のため平成二一年一一月一二日〜平成二二年三月三一日、閉館。

(5) 防火管理者の資格を取得するための正式の講習は例年、二月と八月に開催される。この資格は受講すれば取得できる。講習後に試験はない。講習受講費四七〇〇円であり、職員の場合、公費負担。受講者の定員（一回）は一五〇人（最大一七〇人まで受講可能）。二〇〇八年度は、職員の受講者数は約七〇〜八〇人であった。

⑹　関連調査

1．消防法八条一項で、防火管理者の選任が要求されるつくば市の全ての行政施設について、実際に防火管理者が選任されているか否かを調査。

2．消防長がつくば市火災予防違反処理規程に基づき、特にその違反処理基準5の「防火管理等違反」について、これまでに、つくば市の行政施設を調査したことがあるか否か。

↓上記の1と2について。

平成二一年の消防本部の調査（以下は例示であり、網羅的ではない）

〔防火管理者未届出〕

＊市民ホールとよさと・豊里公民館　＊市民ホールやたべ　＊筑波庁舎　＊大穂庁舎　＊豊里庁舎　＊桜庁舎　＊大穂保健センター　＊桜保健センター　＊谷田部保健・文教センター　＊筑波勤労者体育センター　＊大穂勤労者青少年体育センター　＊豊里勤労者体育センター　＊吉沼体育館　＊筑波総合体育館　＊桜総合体育館　＊谷田部総合体育館　＊大穂公民館・大穂体育館　＊吉沼公民館　＊二の宮公民館　＊栄児童館　＊茎崎農村高齢者交流センター　＊花畑近隣公園プール管理棟　＊クリーンセンター　＊つくばメモリアルホール

〔消防計画未届出〕
＊市民ホールとよさと・豊里公民館　＊市民ホールやたべ　＊筑波庁舎　＊大穂庁舎　＊豊里庁舎　＊桜庁舎　＊谷田部庁舎　＊茎崎庁舎　＊大穂保健センター　＊桜保健センター　＊谷田部保健・文教センター　＊筑波勤労者体育センター　＊大穂勤労者青少年体育センター　＊豊里勤労者体育センター　＊吉沼体育館　＊筑波総合体育館　＊桜総合体育館　＊谷田部総合体育館　＊大穂公民館・大穂体育館　＊吉沼公民館　＊二の宮公民館　＊栄児童館　＊花畑近隣公園プール管理棟　＊いきいきプラザ　＊クリーンセンター　＊つくばメモリアルホール
〔消防訓練未実施〕
＊市民ホールとよさと・豊里公民館　＊市民ホールつくばね・筑波公民館　＊市民ホールくきざき・茎崎公民館　＊筑波庁舎　＊大穂庁舎　＊豊里庁舎　＊桜庁舎　＊谷田部庁舎　＊春日庁舎　＊筑波保健センター　＊大穂保健センター　＊豊里保健センター　＊桜保健センター　＊谷田部保健・文教センター　＊筑波勤労者体育センター　＊大穂勤労者青少年体育センター　＊豊里勤労者体育センター　＊吉沼体育館　＊筑波総合体育館　＊桜総合体育館　＊谷田部総合体育館　＊大穂公民館・大穂体育館　＊吉沼公民館　＊竹園公民館　＊桜公民館　＊島名公民館　＊二の宮公民館　＊つくば市公民館中山分館　＊谷田部老人福祉センター　＊働く婦人の家　＊つくば市立病院　＊花畑近隣公園プール管理棟　＊市民研修センター　＊いきいきプ

ラザ　＊クリーンセンター　＊つくばメモリアルホール

届出義務違反に罰則の定めがある防火管理者の未届出の長期間放置の例（消防法八条一項に明白に違反）

＊市民ホールやたべ（平成七年〜平成二一年の期間）
・平成七年一一月の調査で未届出判明
・平成二一年三月の調査で未届出判明

＊筑波庁舎（平成五年〜平成二一年の期間）
・平成五年一一月の調査で未届出判明
・平成二一年一〇月の調査で未届出判明

＊大穂保健センター（平成一四年〜平成二一年の期間）
・平成一四年一〇月の調査で未届出判明
・平成二一年一〇月の調査で未届出判明

＊大穂勤労者青少年体育センター（平成一四年〜平成二一年の期間）
・平成一四年一〇月の調査で未届出判明
・平成二一年九月の調査で未届出判明

＊筑波総合体育館（平成一四年～平成二一年の期間）
・平成一四年九月の調査で未届出判明
・平成二一年一〇月の調査で未届出判明
＊大穂公民館・大穂体育館（平成七年～平成一七年～平成二一年の期間）
・平成七年八月の調査で未届出判明
・平成一七年の一一月の調査で未届出判明
・平成二一年一〇月の調査で未届出判明
＊吾妻幼稚園（昭和六一年～平成三年～平成六年の期間）
・昭和六一年一〇月の調査で未届出判明
・平成三年一一月の調査で未届出判明
・平成六年一一月の調査で未届出判明
＊竹園西幼稚園（平成三年～平成六年の期間）
・平成三年一一月の調査で未届出判明
・平成六年一一月の調査で未届出判明

3．つくば市消防本部予防広報課「つくば市の公共施設における消防法令違反に対する調査

（検査）実施状況」（平成二一年一二月一七日）に基づくと、「防火管理等違反」（つくば市火災予防違反処理規程の違反処理基準5）との関係で、防火対象物（施設）において、防火管理者未届出、消防計画未届出、消防訓練未実施などの違反の多数の事例が記載されている。

消防本部は、上記の違反行為に対して、具体的にいかなる処理を行ってきたのか。法令上、たとえば、防火管理者未届出の場合は、警告→告発の処理、消防計画未届出の場合は、警告→作成命令→告発の処理、消防訓練未実施の場合は、警告→適正執行→告発という各段階の処理が可能であるが、これまでにこれらの処理を行ってきたのか。防火管理者未届出、消防計画未届出、消防訓練未実施のそれぞれについて、処理の具体例（処理事項）の概要を提示すること。

以上の趣旨の質問状の発出（一二月一八日付）→消防本部の回答（一二月二二日付）

「防火管理者未届出の場合の警告→告発の処理、消防計画未届出の場合の警告→作成命令→告発の処理、消防訓練未実施の場合の警告→適正執行→告発などの違反処理は今まで行ったことはありません。」

4．つくば市のすべての正職員のうち、防火管理者の資格を有している職員の人数及び比率。

一二月一八日付けで総務部人事課へ質問状を発出。一二月二五日までに回答するよう要請。人事課の回答延期の申し出により、回答期限を平成二二年一月八日の午前中まで延期。

→人事課の回答（平成二二年一月七日）

〔防火管理者資格取得状況〕

職員数	資格者数	比率
一八一四人	五四七人	三〇・二%
一五〇七人	二四四人	一六・二%

注：データは、二〇一〇年一月七日現在。下段（右の一五〇七人以下の数字＝筆者注）は、地域消防課以外の消防本部職員を除く（消防本部職員三〇七人のうち三〇三人は有資格者）。

5．市立の学校関係の防火管理者の届出の状況

本件調査開始後に届出　幼稚園三園、小学校六校、中学校三校

↓以上の届出により、学校関係では、少なくとも防火管理者の届出に限っては、違法状態は解消された（最後の届出日は平成二二年一月七日付）。

三　オンブズマンの措置

(1)　上記調査(4)の記述のとおり、本件苦情申立人の指摘の状態は、「消防法に違反」しているとまではいえないが、基本的に不正常な状態であることは確かであり、この状態は早急に改善されなければならない。このことは、市民ホールくきざきが、工事のため、当面、臨時的に閉

館されていることとは直接には関係がない。

(2) より深刻な問題は、上記調査(6)の関連調査で明らかになったつくば市の多数の行政施設での消防法違反（防火管理者未届出、消防計画未届出、消防訓練未実施等）の状態の放置である。しかも、届出義務違反に罰則の定めがある防火管理者の未届出の長期の放置は、とうてい許されるものではない。この未届出及び放置は、管理権原者の市長の消防法上の義務違反であることは明らかである。

また、同市の消防業務の最高執行責任者である同市消防本部の消防長は、防火管理者未届出の場合は、警告→告発の処理、消防計画未届出の場合は、警告→作成命令→告発の処理、消防訓練未実施の場合は、警告→適正執行→告発という各段階の処理をとり得るが、消防本部の過去の調査によって、同市の行政施設に消防法違反の状態が継続しているのを認識していたにもかかわらず、過去に、消防長は上述のいかなる処理も行ったことがない。かつ、この長年にわたる不処理について正当な理由は何ら見出せない。職務怠慢といわざるを得ない。

(3) つくば市の職員のうち防火管理者の資格を有しているのは、消防本部職員を除いて、二四四人（一六・二％）にすぎず、これは人事異動の仕方に影響があり得るにしても、しかし、この現状は、同市が、早い時期に同市に防火管理者の有資格者が少ないのを認識しつつも、これを重大視せず、特別の対策をとらないまま長期に放置してきたことの結果であり、本件事案の処理において情状を酌量する理由とはなり得ない。

(4) 上述のとおりであるので、市民の生命と安全を最優先させ、市長は、つくば市の多数の行政施設での消防法違反状態を早急に改善すべきであり、消防長においても、この違法状態の解消のため、その職務を適正に果たすべきである。

以上、上記(4)につき、オンブズマンとして市長及び消防長に対して勧告する。

つくば市消防長の措置状況報告書（二〇一〇（平成二二）年三月八日）

是正又は改善の措置

(1) 各部長及び主管課に対する法令遵守の徹底

市の部長連絡会議及び主管課会議の際に、今後は、消防法令の遵守についてすべての職員が共通の認識を持ち、一丸となって公共施設の防火安全対策に取り組むよう周知徹底を図った。

(2)　査察の実施体制の見直し

消防本部全体で査察の実施方針を明確に示した上で、各用途及び規模に応じた定期的な査察計画を策定するなど公共施設における査察のあり方を見直し、整備することにより、積極的な査察の確保に努める。

(3)　各種届出及び報告に基づく実態の把握

消防法令に規定されている各種届出又は報告により各施設の状況を把握するとともに、期限内に届出又は報告されていない施設に対しては、関係部署に周知の徹底を図る。

(4)　違反処理の徹底強化

継続的な違反及び繰り返し違反の施設に対しては、つくば市火災予防違反処理規定に基づき、警告を発するなど厳正に対処する。

(5)　防火安全に対する消防としての積極的な取り組み

各施設において、火災予防上必要不可欠な安全管理上の適正な人的対応並びに消防用設備等の設置及び維持管理を主眼としたハード面での対策を適宜講じてもらうことにより、消防として公共施設の防火安全の実現に向けて積極的に取り組む。

(6)　消防職員としての職責の自覚

各施設の職員はもとより、担当課を含めた組織全体としての防火管理体制を構築させ、市民の安全・安心の寄与に直接携わる消防として、より一層の自覚を持ち、職責を果たしていくことで市民の信頼を得られるよう職務を遂行する。

つくば市長の措置状況報告書（二〇一〇（平成二二）年三月一五日）

是正又は改善の措置

(1) 土日休日の施設稼働日に防火管理者が不在の状態は、不正常な状態で早急に改善されなければならないとの点についてお答えします。

申立人は、管理上、土日休日の施設稼働日に防火管理者が不在の状態は消防法に違反していると申立てをしておりますが、各施設の防火管理者の選任は一施設一名だけであり、その防火管理者が施設稼働日・時間にすべて勤務する体制は困難であり、つくば市以外の他の施設においても同様と考えます。

防火管理者の責務は、消防の用に供する設備、消防用水若しくは消火活動上必要な施設の点検及び整備又は火気の使用若しくは取扱いに関する監督及び指示、消防計画の作成、訓練の実施等で、主に火災予防面の職務となっております。災害等が発生した場合に、実際、通報や消火活動、避難誘導を行うのが防火管理者の役割ではなく、防火管理者の指揮監督下にある職員がこれを行っても、防火管理上、何ら違法であるとはいえないと解します。

よって、いざ災害時には、防火管理者が不在であっても、その指揮監督下にある職員による消防計画に則した通報や消火活動、避難誘導を行う体制が整っていれば、適法であり防火管理上、問題はないと考えております。

⑵　多数の公共施設で防火管理者の未届出、消防計画の未届出、消防訓練の未実施等の消防法違反のあった事実は明らかであり、職員の消防法令を遵守する意識が低いという深刻な問題で、重く受け止めております。

このような不適切な結果を生じさせた大きな要因は、これまで、各施設の責任において防火管理体制を整え、運営してきており、市全体を取りまとめる部署がなかったことが要因と考えられます。

今後は、市全体の防火管理体制を統括する部署を市有財産管理の観点から財務部管財課で担当することとし、各施設に対する指導、助言を行い支援の体制を整えていきます。

勧告書で届出義務違反に罰則の定めがある防火管理者の未届出の長期間放置の例として、市民ホールやたべ他七施設があげられておりますが、これは、消防の調査の各時点で、届出手続きがされていない施設の存在が判明したものであり、すべてが未届出状態で継続していたということではありません。消防署の調査は、毎年実施しているものではありませんが、未届出が判明した平成七年一一月から平成二一年現在までの間には、何回か実施していることと思われます。その期間に、実際、選任届出書の存在も確認されていることから、未届出状態を継続していたものではないと判断します。

(3) 人事異動の仕方に影響があり得るにしても、防火管理者の有資格者が少ないことを認識しつつ、これを重大視せず、特別な対策をとらないまま長期間放置してきたという点についてお答えします。

ご指摘のように、市職員の防火管理者の資格取得率は低く、また職員の保有資格を把握すべき人事課でも把握しておりませんでした。

今後は、人事課において、人事管理的見地から防火管理者の資格保持者も把握し、人事異動に役立てたいと考えております。

また、平成二二年度より、人事異動の結果、防火管理者の有資格者が不在となる施設が発生した場合の欠員補充のため、毎年四月に職員研修の一環として、人事課主管で防火管理者資格取得講習会を実施します。受講者数に余裕があれば、他の職員にも受講させ、職員全体の資格取得率の向上を図ります。

(4) 防火管理者選任届出に関しましては、二施設において防火管理者の有資格者が不在のため選任できておりませんでしたが、二月に実施された防火管理者講習会を受講し二月二五日に届け出、すべての施設において防火管理者の選任並びに消防計画の届け出が完了しております。消防訓練の実施につきましては、現時点では未実施の施設の大部分で実施しました。残りの数施設においても、年度内に実施する運びとなっております。

最後に、今後は更に、火災等による災害から市民の生命と安全を守るため、防火管理体制の構築を図り、適法な防火管理体制づくりに取り組んでいきます。

付記「つくば市長の措置状況報告書について」（市長へ通知）（二〇一〇（平成二二）年三月二六日）

I　措置状況報告書の(1)について

措置状況報告書の(1)は、オンブズマンの勧告書の内容をよく理解していないようなので、念のために改めて説明しておく。

第一に、措置状況報告書の(1)は、市側が直接、申立人の主張に反論する形で記述されているが、申立人の主張と市側の主張を公正、公平に判断して見解を出すのはオンブズマンの役割である。にもかかわらず、市側があたかもオンブズマンであるかのように結論を出している。これは、オンブズマン制度の趣旨を没却するものである。

第二に、オンブズマンの勧告書は、「上記調査⑷の記述のとおり、本件苦情申立人の指摘の状態は、『消防法に違反』しているとまではいえないが、基本的に不正常な状態であることは確かであり、この状態は早急に改善されなければならない。」と記しているのであり、「違法」とは何ら述べていない。勧告書をしっかりと読んでもらいたい。

また、当該措置状況報告書の⑴の趣旨が、勧告書での「不正常な状態」という認定に反論しているのだとしたら、別の重大な問題が出てくる。

勧告書における「基本的に不正常な状態である」という判断は、消防本部の見解すなわち勧告書の中の調査⑷に記している「一二月四日、消防本部の担当係長からの聞き取り調査＝組織（機関）の内部においては、防火管理者の資格を有していない従事者が防火管理者の代行運用をすることができる。しかし、この代行運用は通常の方法ではなく、基本的には施設の開館日には防火管理者を配置するのが望ましい。」ということに基づいているのである。そもそも、本件の市民ホールくきざきの管理部署である生涯学習課が、当時の状況が「不正常な状態」であることにより消防本部から指導を受けていたことは、生涯学習課によるオンブズマン室での説明の記録（平成二一年一〇月二六日付）に「基本的には開館日は防火管理者を置くように指導を受けている」と記載されていることからも知られる。

ということは、措置状況報告書の⑴は、消防法に関する消防本部の見解を無視し、後になって勝手に消防法を解釈し、自己に都合のよいように断定していることになる。これは越権行為であり、法による行政（法治行政）の原則に反している。

第三に、より重大なのは、措置状況報告書の(1)から、生涯学習課の反省の無さが感じられることである。勧告書では抑制して、あえて言及していなかったが、実は、生涯学習課はオンブズマンへ虚偽報告をしていた。平成二一年一〇月二三日、生涯学習課の課長補佐と係長（公民館主管）から聞き取り調査を実施した際、両人は、茎崎公民館長（市民ホールくきざきの管理責任者）は同年八月の講習を受けて、防火管理者の資格を取得したと説明していた。実際には、同館長は講習を受けず、防火管理者の資格も取得していなかった。この虚偽報告により、一時、オンブズマンの調査の正確性が深刻な影響を受けることになった。

以上の三点からして、同様の行為を行わないようにするために、生涯学習課の部署に対して何らかの対処が必要であると同時に、生涯学習課の説明を分析・点検せずにそのまま当該措置状況報告書の(1)に記載した市の文書決裁システムのあり方が問われる。

II　措置状況報告書の(2)について

措置状況報告書の(2)は、その第四段、第五段において、市民ホールやたべを例として、防火管理者選任の未届出状態は継続していたものではないと述べている。

第一に、措置状況報告書の⑵は、「勧告」の内容とは関係ないところでの言い訳である。勧告書における「勧告」の内容は、「三　オンブズマンの措置」の⑷に記載の「市民の生命と安全を最優先させ、市長は、つくば市の多数の行政施設での消防法違反状態を早急に改善すべきであり、消防長においても、この違法状態の解消のため、その職務を厳正かつ適正に果たすべきである。」である。市側は、この「勧告」の内容に限定して措置状況を報告すれば、それで済むことである。市の全部の行政施設の防火管理上の細部の状況を点検して具体的に対処するのは本来的に管理責任がある行政側の基本的任務である。

第二に、オンブズマンの調査中に資料を出さずに、調査終了後に、新たな資料を持ち出して主張するのは、正当な弁明におよそなっていない。オンブズマンの調査中に、行政側が調査に必要な資料を提示しないことは他の案件の処理においても起きていたが、これはオンブズマンの正確な職務の遂行を基本的に阻害するものである。市の機関にはオンブズマンの公正な職務の遂行のために積極的な協力義務が課せられており（オンブズマン条例第四条）、この協力義務の中には当然、オンブズマンが必要とする関連資料の行政側の積極的な提出義務を含むものである。さもなければ、オンブズマンが公正、公平な調査を行うことは不可能である。

第三に、オンブズマンの勧告書は、「長期の放置」という表現をしている。この文言には、つくば市消防本部の消防長名義の措置状況報告書に記されているように、「継続的な違反」と「繰り返し違反」を含むものである。

市が例示する「市民ホールやたべ」は、仮に平成七年一一月~平成二一年現在の期間に「継続的な違反」の未届出状態でなかったとしても、「繰り返し違反」は確かな事実である。また、平成一三年一〇月の選任届出書が出されているとするが、それでは、①平成七年一一月~平成一三年一〇月の期間に選任届出書が出されているのか、②平成一三年一〇月以後から平成二一年現在までの職員の人事異動ごとに選任届出書が出されているのか、③平成一三年一〇月に選任届出書が出されているとするが、職員の人事異動は通常四月一日であり、同年四月~一〇月の期間は未届出状態であったのではないのか。これらの強い疑念が文書で払拭されない限り(払拭はおそらく不可能)、「市民ホールやたべ」の例示はおよそ説得力をもたない。

なお、選任届出書が出されることにより、その届出以前の消防法違反という事実が消去されるわけではない。このことは、例えば、本件調査開始後から平成二二年一月七日の間にあわてて届出がなされた市立学校関係(幼稚園三園、小学校六校、中学校三校)についても妥当する。

しかも、これらの中には実に不自然な届出がなされているのがある。例えば、吾妻小学校は、防火管理者選任(解任)届出書を平成二一年一二月二四日付けで提出しているが(消防本部の届出済の公印も同日)、前任防火管理者の解任の日付は平成二一年一二月三一日、後任防火管理者の選任の日付は平成二二年一月一日となっている。ということは、届出書を提出した後で解任と選任が行われたことになる。かつ、解任と選任は休日に行われている。また、茎崎第一小学校は、平成二一年一二月二五日付けで届出書を提出しているが、前任防火管理者の解任の日付は平成一八年一月一〇日であるが、後任防火管理者の選任の日付は当初は平成二一年四月一日と記していたが、それを二重線で訂正して平成一八年一月一〇日と書き直している。年月日についてこれほどの間違いをするとはまず考えられず、おそらく実際の選任は平成二一年四月一日であるが、これだと解任の平成一八年一月一〇日と接合しないのに気付いて選任を平成一八年一月一〇日と書き直したのであろう。それでも、選任の平成一八年一月一〇日と実際の届出の平成二一年一二月二五日の間の約四年間の消防法違反（違反の認定の基準はあくまで選任ではなく届出である）の事実があったことになるとともに、かつ実際と異なった文書作成を行った可能性が強い。これらの他に、後任防火管理者の選任の年月日が前任防火管理者の解任の年月日より二年も前であったり、年月日自体を大幅に訂正したりしている届出書がある。上記の届出書はいずれも公文書偽造の疑いがないことはない。

消防法違反、特に防火管理者選任届出義務の違反には罰則の定めがあり、本勧告以前に仮に市の行政施設で火災が起きて、死傷者が出ていたとすれば、施設の管理責任者は現在をはるかに越えた厳しい責任が追及され、場合によっては逮捕されることもあり得た。実際、全国的には、過去、こうした事例はあった。市の措置状況報告書の⑴⑵には、遺憾ながら、消防法違反の重大性に対する認識の欠如が看取される。また、今回のオンブズマンの勧告書に対しても含めて、市の一部の職員には文書の理解能力と問題の本質の把握能力が欠如しているのではないかという懸念がある。厳しいかもしれないが、あえて指摘しておきたい。

〔事案B〕国民健康保険制度の運用上の問題

【筆者コメント】

本件は、市民が国民健康保険へ加入の手続きをとった際、対応した行政側にミスがあり、かつこのミスが長期に放置されていた事案である。行政側にとっては重大でないと考えられるミスであっても、市民の側には深刻な影響を及ぼす場合があるが、この事例の一つとしてここに掲載する。

オンブズマンの勧告書（二〇〇八（平成二〇）年一一月二五日）

〈苦情申立ての趣旨〉

申立人は以下の趣旨の苦情を申し立てた。

「つくば市役所では国民健康保険への新規加入に際し、前健保組合の脱退証明書が提出されるまで被保険者証の交付を受けられません。証明が得られなくとも国保を運営する組合側にはデメリットが殆ど生じないにもかかわらず、法令上根拠のない形式を踏むことを重んじる余り、医療を受ける側にだけ一方的な不公平、不利益をもたらしています。こうした取扱いを即刻取り止め、届出と同時にすみやかに保険証を交付するように改めることを求めます。」

「市役所側が自らのやり方を改めるつもりがなく正当性を信じるのであれば、その根拠を明示するとともに、窓口に来た新規加入者に対しては、不利益を最小限におさえる配慮をすべきです。」

「健康保険の加入の入口ですでに不親切、不明朗な出来事にでくわすようでは、奥へ踏み込んだら、もっとおかしなことが行われ、私達の納めた保険料がはたして適正に使われているのかと云った、いらぬ疑を抱かせるようなことのない、親切で透明度の高い行政事務が行われることを強く求めます。」

当該苦情は、つくば市役所の窓口職員の行為に端を発した市役所側の一連の対応の仕方と内容を原因としている。

以上の趣旨の苦情申立書（当該申立書に添付の別紙記載内容を含む）を受理し、調査に着手した。

〈調査〉

本件は、つくば市における国民健康保険制度の運用の仕方と内容に係るものであり、以下の諸点の解明が必要である。

① 苦情申立人に対する二〇〇七年三月七日の豊里窓口センターの対応に問題がなかったか否か。

② 苦情申立人に対する同年七月一七日の課税決定及び同年七月三一日の納期限通知に問題がなかったか否か。

③ 苦情申立人に対する二〇〇八年七月二五日の国保年金課国保税係の対応に問題がなかったか否か。

以上を解明するために苦情申立人との面談、国保年金課並びに豊里窓口センターの職員からの聞き取り調査、関係法令・文書（国民健康保険法、同法施行規則、つくば市の関係条例・規則、その他の関連文書）の検討を行った。

上記①について

苦情申立人は、二〇〇七年三月七日、つくば市に住居を移し、転入の届けと共に国民年金、国民健康保険への加入を申し出た。その際、豊里窓口センターの窓口において、国民健康保険の保険証交付には、退職辞令では証明書として不十分であり、離職票の添付が必要だといわれ、加入を断られた。

苦情申立人は、この説明に納得できなかったが、やむなく前職場に離職票の発行を依頼し、四月三日、離職票を豊里窓口センターへ持参し、国民健康保険加入の届けを行った。この間（三月七日～四月三日）、苦情申立人は、体調を崩したが、高額の医療費負担を恐れて医者にみてもらうことをためらい、市販薬の服用でなんとかしのいだ。

問題は、離職票の添付が必要であったかどうかである。この点につき、市役所の豊里窓口センター及び国保年金課は相当の期間、離職票添付の必要性に拘泥した。

このことは、市長への苦情申立人の苦情のメールに対する市長名義（国保年金課作成）の二〇〇八年七月一四日付けの回答書「国民健康保険の切り替え手続きについて」のなかの以下の文からも知られる。

「国民健康保険の被保険者資格は、加入の手続きをされた日から発生するのではなく、社会保険等の資格喪失日、又は転入等により市町村の住所を有するに至った日をもって取得日としています。国民健康保険への加入の手続きには、社会保険等の資格喪失証明書や退職証明書、離職票などの退職日が確認できる書類をご用意いただき、これをもって被保険者資格喪失日を確認し、加入の手続きを行っております。（別紙　注釈1）

A様（苦情申立人＝オンブズマン注）の資格取得に関しましては、直近の事実発生が、社会保険の資格喪失日か転入日であるのかを確認し、直近の事実発生日をもって資格取得日とする必要がございましたので、離職票などの書類のご提出をお願いしたところでございます。」

（別紙　注釈1）＝「国民健康保険への加入の手続きには、社会保険等の資格証明書、離職票などの退職日が確認できる書類をご用意いただき、これをもって被保険者資格喪失日を確認し、加入の手続きを行っております。」

市役所側は以上のように述べているが、国民健康保険制度の通説的、一般的な解釈に基づくと、国民健康保険の被保険者資格は、本来的には、その取得の原因となる一定の事実発生と同時に、何らの手続きを要することなく法律上当然に取得するものである。このため、被保険者証も世帯主等の請求を待つまでもなく交付されるものであるが、実際には、世帯主の資格取得の届出によって交付されることになっている。

国民健康保険法が「市町村が行う国民健康保険の被保険者は、当該市町村の区域内に住所を有するに至った日又は前条各号（本件では三号の「共済組合の組合員＝オンブズマン注）のいずれにも該当しなくなった日から、その資格を取得する。」（第七条）、「被保険者の属する世帯の世帯主（以下単に「世帯主」という）は、厚生労働省令の定めるところにより、その世帯に属する被保険者の資格の取得及び喪失に関する事項その他必要な事項を市町村に届け出なければならない。」（第九条一項）等と定めているのは上記の趣旨を含意している。

本件では、苦情申立人は、二〇〇七年一月三一日に共済保険の任意継続を選択し、二月末で共済保険の資格を喪失した。この場合、豊里窓口センターは「資格喪失証明書」の提出を求めることもあり得たが、センターはこの要求をせずに、離職票の提出にこだわった。

上記②について

苦情申立人に対する国民健康保険税は二〇〇七年七月一七日に課税決定され、これには同年の二月分、三月分が含まれていた。また、同年七月三一日に納期限通知が発出され、これ以降、督促手数料（一〇〇円）と延滞金（延滞利息＝年一四・六％）が発生することになった。そして、同年一二月一三日に延滞金付きの督促状が苦情申立人へ発出された。

しかし、同年一二月一八日、本人の苦情申立てに基づき、国保年金課の再点検の結果、国保年金課は、二月分の課税は市役所側のミスであったことを認め、三月分のみへ課税変更する更正決定の処分を行った。このことは、七月一七日～一二月一八日の間、課税に係るミスが市役所側において放置されていたことを意味する。

上記③について

苦情申立人と国保年金課国保税係は、二〇〇八年七月二五日に二〇〇七年の三月分の国民健康保険税の二回分納で合意した。苦情申立人は、一回分を二〇〇八年八月四日に納付し、二回分は本件苦情との関係で納付を留保している。二回分納で合意した際、国保年金課国保税係の職員は、納付の時期は随時であり、また苦情申立人に対して延滞金を課さない方向で考えていると述べた。

〈オンブズマンの措置〉

上記①についての認定

市役所側がいう「直近の事実発生日」について、社会保険の資格喪失日か転入日のいずれかは、本人が持参した退職辞令でもって判断できる。当該文書には退職辞令の交付日が明記されており、通常は、退職辞令交付日と退職日は同日と解されている。つくば市の職員に対する退職辞令の場合も同様である。本件でも、結果的に、市役所は退職辞令でもって転入日を直近の事実発生日と認めた。保険料の請求も転入日の三月七日を起日にしている。よって、本件では、離職票に拘泥する法的な根拠はなかったと考えられる。

また、前記「市長回答書」のなかには、離職票が国民健康保険への加入手続きの際の確認のための文書の例として記されているが、国保年金課のその後の説明によると、この文言は、つくば市発行の小冊子『あんしん国保』の記載内容を参照したとのことである。しかし、実際には、当該小冊子に「離職票」の記述はない。記述されているのは「被保険者資格喪失証明など」である。よって、本件では、つくば市の行政内部的にも、離職票への拘泥を正当化する文書は存在しなかったといえる。

二〇〇八年九月の聞き取り調査において、国保年金課は、本件の事案では、最初から転入日でもって直近の事実発生日とすべきであり、離職票の提出を要求したのは市役所側のミスであったことを認めた。

上記②についての認定

課税に係る市役所側のミスの放置は、二〇〇七年三月七日の事実に由来していることが考えられるが、必ずしもこれのみを原因としていない。市役所の課税行政それ自体の問題でもある。というのも、二〇〇七年四月三日に国民健康保険への加入届けがなされ、同年四月六日に国民健康保険異動届書が国保年金課へ届けられている。本来的には、この時点で資格取得日を確認すべきであったのである。

上記③についての認定

本件について、当初の延滞金は二〇〇七年七月三一日に納期限通知が出された後に、二月分と三月分に対して発生していた。その後、同年一二月一八日に更正決定されたが、少なくとも法的には三月分に対しては延滞金は継続し、かつ二〇〇八年八月四日以後は二回分納の第二回分の延滞金は継続している。ただし、二〇〇八年七月二五日の二回分納合意の際、国保年金課国保税係の職員は、前記のように、納付の時期は随時であり、また苦情申立人に対して延滞金を課さない方向で考えている趣旨のことを述べている。しかし、法制度上、延滞金の減免については、国民健康保険税が完納された後ではじめて検討されるべきものであり、本件の特殊事情を考慮に入れても、国保年金課国保税係の職員の対応に手続き上の問題があったことは否めない。

以上の①、②、③の認定に基づき、本件との関係で、①について、豊里窓口センターの本件担当職員及びその対応を正当化した「市長回答書」(「国民健康保険の切り替え手続きについて」)を作成した担当部課たる国保年金課のそれぞれに過失があり、及び②と③について、国保年金課国保税係の本件担当職員に過失があったものと判断される。

本件苦情に係る市役所側の一連の対応の仕方と内容に問題があったのは明らかであり、本件の関係職員及び関係部署の責任は否定できないと考えられる。しかし、本件苦情申立ての主たる目的は「親切で透明度の高い行政事務が行われること」であり、かつ関係職員及び関係部署が本件対応上のミスを認め反省していることを考慮した上で、つくば市オンブズマン条例第一二条一項に基づき、オンブズマンとして、可及的速やかに市長が以下の措置をとるよう勧告する。

市長は、本件関係職員及び関係部署が本件での対応の仕方と内容を十分に反省し、親切で透明度の高い行政事務を行うよう真摯に努めることを促すために、上記①との関係で、(i)豊里窓口センターにおいて本件に直接対応した職員、(ii)市長回答書「国民健康保険の切り替え手続きについて」を直接に作成担当した国保年金課職員、及び上記②③との関係で、(iii)

本件を直接に担当した国保年金課国保税係の職員、また（ⅰ）の監督者として豊里窓口センター室長、（ⅱ）（ⅲ）の監督者として国保年金課長のそれぞれに対して口頭で注意を行うこと。

なお、上記（ⅱ）の市長回答書については、当該文書の瑕疵を看過した責任が当該文書の決裁に関わった各上級機関に問われるが、この決裁には当該文書を起案した職員が前記の「別紙注釈1」として当該文書に付加した文言が影響しているものと考えられる。このことによって、各上級機関の責任が全く否定されるものではないものの、当該問題においては、過失の程度を考慮し、今後、起案文書に対する各上級機関の決裁はその文書の十分なる精査と検討を経て行うよう注意を喚起するにとどめる。

市長の措置状況報告書（二〇〇九（平成二一）年一月一六日）

是正又は改善の措置

平成二〇年一一月二五日付けの勧告の趣旨を踏まえ、保健福祉部長及び市民生活部長が、各々の管轄する勧告対象職員に対し、口頭により注意を促しました。

国民年金課及び各窓口センター・市民窓口課の国民健康保険担当職員が、共通の認識のうえで作業を行えるようにするため、各窓口が抱える問題・疑問等についての意見交換会を、下記のとおり行いました。
平成二〇年一一月一一日　市民窓口課、豊里窓口センター
　　　　　　　一二日　矢田部窓口センター
　　　　　　　一三日　大穂窓口センター
　　　　　　　二〇日　筑波窓口センター
　　　　　　　二一日　茎崎窓口センター
　今後とも継続的に実施し、窓口での対応や事務の在り方などについて、精査・検討してまいります。

〔事案C〕つくば市オンブズマン条例第二条四号に基づく提言

【筆者コメント】

　本提言は、ある事案の処理中に出てきた問題との関連でオンブズマンの発意で提言したものであり、提言通りに実施された。本提言の対象たる文書表現上の課題は、市民が敏感に受けとめるものであり、つくば市のみならず他の自治体の職員も注意をはらうべき課題である。

二〇〇七（平成一九）年五月一八日

つくば市長　様

つくば市オンブズマン　土屋英雄

平成一八年度のオンブズマン活動を通して、市の機関の業務執行の改善へ向け、以下の事項の遂行が必要であると認識します。この必要性については、『平成一八年度つくば市オンブズマン活動状況報告書』の「苦情申立処理事例№６」を参照願います。

なお、提言の実行のための具体的な日時及び方法等については一任します。

《職員の文書作成上の法的な知識・能力の向上のための研修》

課題＝文書作成の際に、市民の名誉の毀損又は侮辱につながりかねない表現の回避について

内容＝法的に名誉毀損又は侮辱に該当する可能性のある表現の事例の検討

対象＝職員とりわけ文書内容をチェックする責務のある幹部職員

時期＝平成一九年度中

講師＝当該分野における専門家

〔事案D〕 職員の対応の不誠実および説明責任の不履行

[筆者コメント]

特定の問題との関連での行政側の市民に対する説明責任の不履行は、自治体行政上の深刻な問題の一つである。その典型的な事例の一つとしてここに掲載する。

オンブズマンの処理結果通知書（二〇〇七（平成一九）年一月五日）

〈苦情申立ての趣旨〉

申立人は以下の趣旨の苦情を申し立てた。

「市民からの問い合わせに対する都市整備課職員の対応が不誠実なこと。都市整備課が果たすべき説明を果たさないこと。」

当該苦情は、土地区画整理事業に関わる情報の提供についての都市整備課職員の申立人への対応の仕方と内容を原因としている。

以上の趣旨の苦情申立書を受理し、調査に着手した。

〈調査〉

(1)　二〇〇六年一〇月二六日に、花室西部地区の開発について、隣接区域の住民に対する説明会が開催された。当該説明会にて、住民側は中央通りの交通量シミュレーションデータ（都市整備課側はシミュレーションを実施済みと発言）の提出を求め、都市整備課も後日、当該データの提出を約束した。なお、当該説明会には、都市整備課長を含む都市整備課内の区画整理開発係と計画係の職員が出席した。

(2)　その後、上記データの提出の件につき都市整備課から何の連絡もないので、一一月一四日、住民側が都市整備課へ催促の電話をした。電話に出た職員は、担当職員から住民側へ連絡を入れると応答した。連絡がないので、一一月一六日、住民側は都市整備課へ再度電話をし、決済待ちだとの応答を受けた。その後も連絡がないので、一二月一日、住民側は都市整備課へ電話をすると、当日夕方に住民側へ上記データを記載した一一月一七日付の文書がファックスで送付されてきた（送付の遅れを都市整備課は課内の連絡ミスと釈明）。当該文書の内容は、住民側が想定していたものとかけ離れていたため、一二月七日、住民側は上記データの再提出を都市整備課へ求めた。その後、住民側は繰り返し電話をしたが、担当職員に連絡させるとの応答があるのみで、担当職員からは住民側へ一切連絡がなかった。

(3)　オンブズマンは一二月一五日付の住民側の苦情申立書を受理し、住民側と都市整備課からの事情聴取を同時的に行うため、一二月二二日に会合を設定した。当日、住民側から三名、都市整備課から課長補佐以下五名が出席した。

〈オンブズマンの措置〉

オンブズマンとして、本件での都市整備課の対応の仕方はきわめて問題であり、また提示された一一月一七日付と一二月二二日付の交通量関係文書は、①交通量はつくば市が実施したシミュレーションでないこと、②調査時期は平成一一年度で古すぎること、③文書内容が過度に簡単であること等からして、住民側にはとうてい納得しがたいものと判断する。本件の一連の流れからみて、都市整備課のこういう不誠実な対応は単に個別的な現象ではなく、つくば市職員内部の旧態依然的な体質的問題を露呈した可能性があると考える。しかし、都市整備課が、一〇月二六日以後の事実関係をほぼ認め、住民側への都市整備課の対応が不誠実であったと謝罪し、今後、こういう対応を繰り返さないように努めると約したことを考慮した上で、本件については、今後、都市整備課が、住民側から要求された交通量シミュレーションデータについての説明責任を充分に果たし、かつ、都市整備課が、本件を一つの契機に、住民サービスの面での職員の意識改善に全課的に取り組むことを前提にして、オンブズマンとして都市整備課の上記の反省の意思表明を了解する。以上を、本件についてのオンブズマンの意見とする。

〔事案E〕区会（自治会）への不適正な事務委託料

［筆者コメント］

区会（自治会、町内会）に対して市から支出される事務委託料については、つくば市に限らず、他の多くの自治体においても、その扱いが不透明なところがあり、一般的な参考のために、処理事例の一つをここに掲載する。

オンブズマンの処理結果通知書（二〇〇六（平成一六）年八月一一日）

〈苦情申立ての趣旨〉

申立人は以下の趣旨の苦情を申し立てた。

「申立人が居住する区会の隣接する区会において、区長は、区会の戸数を平成一七年度には前年度より約一〇〇戸増やして申請し、平成一八年度には前年度より約九〇戸減らして申請しているという。水増しして申請し、事務委託料の支払いを受けているのではないかと思われるので調査してほしい。」
当該苦情は、申立人本人が直接に不利益を被った内容ではないが、オンブズマン条例第九条二項に基づき調査を開始した。

〈調査及び結果〉

市は、効率的な市政運営施策として、市民への情報伝達を主な業務内容とする事務委託契約を区会連合会と締結しており、この契約に基づいて区会に事務委託料を支払っている。
事務委託料は以下の方法で算出される。

〈戸数割（一戸当たり）〉
一戸建て：一九〇〇円
集合住宅：一二〇〇円

市民活動課において、当該区会の区長に確認したところ、平成一六年から一七年度にかけては、アパート、マンション等が新たに建築されたため、見込みの数字で申請してしまったので平成一八年申請分との差額を返還するとのことであった。
オンブズマンとして、本件について、区長が上記戸数申請が不適当であったことを認め、差額分をすみやかに返還することを申し出たことを受け入れ、調査を終結する。

〈返還額〉

平成一七年度申請二七七戸分（一戸建て：一七〇戸、集合住宅：一〇七戸）と平成一八年度申請一八〇戸分（一戸建て：一四五戸、集合住宅：三五戸）の差額分

一戸建て：（一七〇－一四五＝）二五戸×一九〇〇〇円＝四万七五〇〇円

集合住宅：（一〇七－三五＝）七二戸×一二〇〇〇円＝八万六四〇〇円

返還総額＝一三万三九〇〇円

【参考①】事務委託料

事務委託料には、①地区補助金と②区長等役員報酬が含まれ、つくば市では①と②を区分せず、一括して各区会へ支出されている。

【参考②】事務委託料の算出方法

戸数割　一戸建て＝一九〇〇〇円／戸、集合住宅＝一二〇〇〇円／戸

基本割　一区会＝五万円（準区会＝二万五〇〇〇円）

【参考③】つくば市（人口約二〇・六万人）の事務委託料予算は、二〇〇八年度＝一億一六〇五万円。つくば市の人口に比較的に近い茨城県内の市の事務委託料に相当する予算額（二〇〇八年度）は以下の通り。

日立市（人口約二〇万人）＝約三八六五万円。

水戸市（人口約二六万人）＝約二〇二六万円。

土浦市（人口約一三・四万人）＝約四三〇〇万円。

【参考④】事務委託料（この管理責任者は区長）の運用は各区会に任されており、市への会計報告義務はない。

〔資料〕

一　つくば市オンブズマン条例

（設置）

第一条　市民の市政に関する苦情を公平公正な立場で迅速に処理し、市政を監視することにより、市民の権利利益の保護を図り、もって開かれた市政の一層の推進と市政に対する市民の信頼の確保に資するため、オンブズマンを置く。

（オンブズマンの権限）

第二条　オンブズマンは、次に掲げる事務を処理する。

(1)　つくば市（以下（市）という。）の業務の執行に関する苦情の申し立てを受理し、必要な調査をすること。

(2)　市の機関の業務の執行について、調査をすること。

(3)　市の機関に対し、その業務の執行について、是正又は改善の措置を講じるよう勧告すること。

(4)　市の機関に対し、その業務の執行について、提言すること。

(5)　勧告、提言等の内容を公表すること。

（オンブズマンの責務）

第三条　オンブズマンは、公平かつ適切にその職務を遂行しなければならない。
二　オンブズマンは、その職務の遂行に当たっては、市の機関と密接な連携を図るとともに、権利利益の救済等の諸制度の趣旨を損なうことがないよう配慮しなければならない。
三　オンブズマンは、その地位を政党又は政治的目的のために利用してはならない。
四　オンブズマンは、職務上知ることができた秘密を漏らしてはならない。その職を退いた後も、同様とする。

（市の機関の責務）
第四条　市の機関は、オンブズマンの公正な職務の遂行が図られるよう、これに積極的に協力しなければならない。

（オンブズマンの定数等）
第五条　オンブズマンの定数は、二人とする。
二　オンブズマンは、人格が高潔で社会的信望が厚く、地方行政に関し優れた識見を有する者のうちから、議会の同意を得て、市長が任命する。
三　オンブズマンの任期は、二年とする。ただし、一期に限り再任されることができる。

（兼職等の禁止）
第六条　オンブズマンは、衆議院議員若しくは参議院議員、地方公共団体の議会の議員若しくは長又は政党その他の政治団体の役員を兼ねることができない。
二　オンブズマンは、市の特別の利害関係を有する法人その他の団体の役員を兼ねることができない。
（解任）
第七条　市長は、オンブズマンが心身の故障のため職務の執行ができないと認める場合又はオンブズマンに職務上の義務違反その他オンブズマンとしてふさわしくない行為があると認める場合は、議会の同意を得て、解任することができる。
（苦情の申し立て）
第八条　何人も、オンブズマンに対し、市の業務の執行に関する苦情を申し立てることができる。
二　前項の規定による苦情の申立てをしようとする者は、オンブズマンに対し、次に掲げる事項を記載した申立書を提出しなければならない。ただし、オンブズマンが当該申立書の提出ができない特別の理由があると認めるときは、この限りでない。
(1)　氏名及び住所（法人その他の団体にあっては、名称、事務所又は事業所の所在地及び代表者の氏名）
(2)　申立てをしようとする苦情の趣旨及び申立ての原因となった事実のあった年月日
(3)　その他規則で定める事項
（調査）
第九条　オンブズマンは、前項の規定による苦情の申立てがあった場合は、速やかに当該苦情の申立てに関する調査をするものとする。ただし、苦情の申立てが次の各号のいずれかに該当する場合は、調査をすることができない。

(1) 判決、裁決等により確定した権利関係に関するとき。

(2) 裁判所において係争中の事案又は行政庁において不服申立ての審理中の事案に関するとき。

(3) 議会又は議員の権限に関するとき。

(4) 監査委員に監査請求を行っている事案に関するとき。

(5) 前号に掲げる場合のほか、監査委員において現に監査を行っている事案に関するとき。

(6) 職員の自己の勤務条件に関するとき。

(7) オンブズマンの行為に関するとき。

(8) 苦情の申立てをした者（以下「苦情申立人」という）の自己の利害にかかわらないとき。

(9) 苦情の申立てに係る事実のあった日の翌日から起算して一年を経過しているとき（天災その他やむを得ない理由があるときを除く。）。

(10) その他調査をすることが適当でないとき。

二　オンブズマンは、市民の権利利益の保護を図るため必要があると認めるときは、市の機関の業務の執行について、調査をすることができる。

（調査に係る通知）

第一〇条　オンブズマンは、前条第一項又は第二項の調査をするときは、関係する市の機関に対し、その旨を通知しなければならない。
二　オンブズマンは、前条第一項の調査をしないときは、速やかに苦情申立人に対し、その旨及び理由を通知しなければならない。
三　オンブズマンは、前条第一項の調査をした場合において、当該調査を中止したときは、速やかに苦情申立人及び関係する市の機関に対し、その旨及び理由を通知しなければならない。
四　オンブズマンは、前条第一項の調査を終えたときは、速やかに苦情申立人及び関係する市の機関に対し、その結果を通知しなければならない。

（説明の要求等）
第一一条　オンブズマンは、第九条第一項又は第二項の調査のため必要があると認めるときは、関係する市の機関に対し、説明を求め、関係する帳簿、書類その他の記録の閲覧若しくは提出を請求し、又は実地調査することができる。

（勧告及び提言）
第一二条　オンブズマンは、第九条第一項又は第二項の調査の結果に基づき必要があると認めるときは、関係する市の機関に対し、当該機関の業務の執行について是正又は改善のため必要な措置を講じるよう勧告をすることができる。

二　オンブズマンは、第九条第一項又は第二項の調査の結果に基づき必要があると認めるときは、関係する市の機関に対し、当該機関の業務の執行について提言することができる。

三　オンブズマンは、第九条第一項の調査に係る第一項の規定による勧告又は前項の規定による提言をしたときは、速やかに苦情申立人に対し、その旨を通知しなければならない。

（勧告及び提言の尊重）

第一三条　市の機関は、前条第一項の規定による勧告又は同条第二項の規定による提言があったときは、当該勧告又は提言を尊重するものとする。

（措置の状況の報告）

第一四条　市の機関は、第一二条第一項の規定による勧告があったときは、当該勧告を受けた日の翌日から起算して六〇日以内に、オンブズマンに対し、是正又は改善の措置の状況について報告しなければならない。

二　オンブズマンは、第九条第一項の調査に係る前項の規定による報告があったときは、速やかに苦情申立人に対し、その旨を通知するものとする。

（勧告、提言等の内容の公表）

第一五条　オンブズマンは、第一二条第一項の規定による勧告若しくは同条第二項の規定による提言をしたとき、又は前条第一項の規定による報告があったときは、その内容を一般に公表するものとする。

二　オンブズマンは、前項の規定による公表をするに当たっては、個人に関する情報の保護について最大限の配慮をしなければならない。

（活動状況の報告等）

第一六条　オンブズマンは、毎年、その活動状況について、議会及び市長に報告するとともに、一般に公表するものとする。

（事務局）

第一七条　オンブズマンに関する事務を処理するため、事務局を置く。

（委任）

第一八条　この条例の施行に関し必要な事項は、規定で定める。

附　則

（施行期日）

一　この条例は、平成一四年四月一日から施行する。

（経過措置）

二　この条例は、この条例の施行の日（以下「施行日」という。）の一年前の日以後の事実に係る苦情について適用し、施行日の一年前の日前になされた事実に係る苦情については、適用しない。

二　つくば市監査委員条例

（趣旨）

第一条　この条例は、地方自治法（昭和二二年法律第六七号。以下「法」という。）第一九五条第二項及び第二〇二条の規定に基づき、監査委員の定数その他監査委員に関し必要な事項を定めるものとする。

（定数）

第二条　監査委員の定数は、三人とする。

（監査期日の通知）

第三条　監査委員は、法第一九九条第二項、第四項及び第五項の規定による監査を行うときは、その期日の七日前までに監査の対象となる機関に通知するものとする。

二　監査委員は、法第一九九条第七項及び法第二三五条の二第二項の規定による監査を行うときは、その期日の七日前までに監査の対象となるもの及び関係機関に通知するものとする。ただし、特別の事由があると認めるときは、この限りでない。

（平三条例五八・一部改正）

（請求又は要求に基づく監査）

第四条　監査委員は、法第七五条第一項、第九八条第二項、第一九九条第六項及び第七項並びに第二三五条の二第二項の規定による監査の請求又は要求を受理したときは、六〇日以内にこれを行わなければならない。ただし、特別の事由があると認めるときは、この限りでない。

（平三条例五八・一部改正）

（請願の処理）

第五条　監査委員は、法第一二五条の規定により議会から請願の送付を受けたときは、六〇日以内に処理しなければならない。

（現金出納の検査）

第六条　法第二三五条の二第一項に規定する現金出納検査は、毎月二七日及び二八日に行う。ただし、その日がつくば市の休日を定める条例（平成元年つくば市条例第五四号）第一条第一項に規定するつくば市の休日に当たるとき、又は特別の事由があると認めるときは、この限りでない。

（平三条例五八・全改、平九条例四四・一部改正）

（決算等の審査）

第七条　監査委員は、法第二三三条第二項及び第二四一条第五項、地方公営企業法（昭和二七年法律第二九二号）第三〇条第二項並びに地方公共団体の財政の健全化に関する法律（平成一九年法律第九四号）第三条第一項及び第二二条第一項の規定により決算に関する書類その他の書類が審査に付されたときは、六〇日以内に意見書を市長に提出しなければならない。

（平二〇条例二二・一部改正）

（職員の賠償責任の監査等）

第八条　監査委員は、法第二四三条の二第三項又は第八項後段の規定により市長から監査又は意見を求められたときは、三〇日以内に監査結果報告書又は意見書を提出しなければならない。ただし、特別の事由があると認めるときは、この限りでない。

（平一四条例八五・一部改正）

（報告、公表等）

第九条　法令の定めるところにより行う監査、検査又は審査の結果の報告、公表又は通知は、監査、検査又は審査の終了後速やかに行わなければならない。

二　前項の公表その他法令に定める告示は、市長の告示の例により行うものとする。

（委任）

第一〇条　この条例に定めるもののほか、監査委員に関し必要な事項は、監査委員が定める。

附　則

この条例は、公布の日から施行する。

附　則（平成三年条例第五八号）

この条例は、公布の日から施行する。

附　則（平成九年条例第四四号）

この条例は、公布の日から施行する。

附　則（平成一四年条例第八五号）

この条例は、公布の日から施行する。

附　則（平成二〇年条例第二二号）

この条例は、公布の日から施行する。

三　地方自治法上の監査委員に関係する条項

第五款　監査委員

（監査委員の設置・定数）

第一九五条

一　普通地方公共団体に監査委員を置く。

二　監査委員の定数は、都道府県及び政令で定める市にあっては四人とし、その他の市にあっては条例の定めるところにより三人又は二人とし、町村にあっては二人とする。

（選任、兼職禁止）

第一九六条

一　監査委員は、普通地方公共団体の長が、議会の同意を得て、人格が高潔で、普通地方公共団体の財務管理、事業の経営管理その他行政運営に関し優れた識見を有する者（以下本款において「識見を有する者」という。）及び議員のうちから、これを選任する。この場合において、議員のうちから選任する監査委員の数は、監査委員の定数が四人のときは二人又は一人、三人以内のときは一人とするものとする。

二　識見を有する者のうちから選任される監査委員の数が、三人である普通地方公共団体にあっては少なくともその二人以上は、二人である普通地方公共団体にあっては少なくともその一人以上は、当該普通地方公共団体の職員で政令で定めるものでなかった者でなければならない。

三　監査委員は、地方公共団体の常勤の職員と兼ねることができない。

四　識見を有する者のうちから選任される監査委員は、これを常勤とすることができる。

五　都道府県及び政令で定める市にあっては、識見を有する者のうちから選任される監査委員のうち少なくとも一人以上は、常勤としなければならない。

（任期）

第一九七条

監査委員の任期は、識見を有する者のうちから選任される者にあっては四年とし、議員のうちから選任される者にあっては議員の任期による。

ただし、後任者が選任されるまでの間は、その職務を行うことを妨げない。

（罷免）

第一九七条の二

一　普通地方公共団体の長は、監査委員が心身の故障のため職務の遂行に堪えないと認めるとき、又は監査委員に職務上の義務違反その他監査委員たるに適しない非行があると認めるときは、議会の同意を得て、これを罷免することができる。

この場合においては、議会の常任委員会又は特別委員会において公聴会を開かなければならない。

二　監査委員は、前項の規定による場合を除くほか、その意に反して罷免されることがない。

（退職）

第一九八条

監査委員は、退職しようとするときは、普通地方公共団体の長の承認を得なければならない。

（特別欠格事由）

第一九八条の二

一　普通地方公共団体の長又は副知事若しくは助役と親子、夫婦又は兄弟姉妹の関係にある者は、監査委員となることができない。
二　監査委員は、前項に規定する関係が生じたときは、その職を失う。
（義務）
第一九八条の三
一　監査委員は、その職務を遂行するに当たっては、常に公正不偏の態度を保持して、監査をしなければならない。
二　監査委員は、職務上知り得た秘密を漏らしてはならない。その職を退いた後も、同様とする。
（事務）
第一九九条
一　監査委員は、普通地方公共団体の財務に関する事務の執行及び普通地方公共団体の経営に係る事業の管理を監査する。
二　監査委員は、前項に定めるもののほか、必要があると認めるときは、普通地方公共団体の事務（自治事務にあっては地方労働委員会及び収用委員会の権限に属する事務で政令で定めるものを除き、法定受託事務にあっては国の安全を害するおそれがあることその他の事由により監査委員の監査の対象とすることが適当でないものとして政令で定めるものを除く。）の執行について監査をすることができる。

この場合において、当該監査の実施に関し必要な事項は、政令で定める。
三　監査委員は、第一項又は前項の規定による監査をするに当たつては、当該普通地方公共団体の財務に関する事務の執行及び当該普通地方公共団体の経営に係る事業の管理又は同項に規定する事務の執行が第二条第一四項及び第一五項の規定の趣旨にのつとつてなされているかどうかに、特に、意を用いなければならない。
四　監査委員は、毎会計年度少くとも一回以上期日を定めて第一項の規定による監査をしなければならない。
五　監査委員は、前項に定める場合のほか、必要があると認めるときは、いつでも第一項の規定による監査をすることができる。
六　監査委員は、当該普通地方公共団体の長から当該普通地方公共団体の事務の執行に関し監査の要求があつたときは、その要求に係る事項について監査をしなければならない。
七　監査委員は、必要があると認めるとき、又は普通地方公共団体の長の要求があるときは、当該普通地方公共団体が補助金、交付金、負担金、貸付金、損失補償、利子補給その他の財政的援助を与えているものの出納その他の事務の執行で当該財政的援助に係るものを監査することができる。当該普通地方公共団体が出資しているもので政令で定めるもの、当該普通地方公共団体が借入金の元金又は利子の支払を保証しているもの、当該普通地方公共団体が受益権を有する信託で政令で定めるものの受託者及び当該普通地方公共団体が第二四四条の二第三項の規定に基づき公の施設の管理を委託しているものについても、また、同様とする。

八　監査委員は、監査のため必要があると認めるときは、関係人の出頭を求め、若しくは関係人について調査し、又は関係人に対し帳簿、書類その他の記録の提出を求めることができる。

九　監査委員は、監査の結果に関する報告を決定し、これを普通地方公共団体の議会及び長並びに関係のある教育委員会、選挙管理委員会、人事委員会若しくは公平委員会、公安委員会、地方労働委員会、農業委員会その他法律に基づく委員会又は委員に提出し、かつ、これを公表しなければならない。

一〇　監査委員は、監査の結果に基づいて必要があると認めるときは、当該普通地方公共団体の組織及び運営の合理化に資するため、前項の規定による監査の結果に関する報告に添えてその意見を提出することができる。

一一　第九項の規定による監査の結果に関する報告の決定又は前項の規定による意見の決定は、監査委員の合議によるものとする。

一二　監査委員から監査の結果に関する報告の提出があった場合において、当該監査の結果に関する報告の提出を受けた普通地方公共団体の議会、長、教育委員会、選挙管理委員会、人事委員会若しくは公平委員会、公安委員会、地方労働委員会、農業委員会その他法律に基づく委員会若しくは委員は、当該監査の結果に基づき、又は当該監査の結果を参考として措置を講じたときは、その旨を監査委員に通知するものとする。

この場合においては、監査委員は、当該通知に係る事項を公表しなければならない。

（除斥）

第一九九条の二
監査委員は、自己若しくは父母、祖父母、配偶者、子、孫若しくは兄弟姉妹の一身上に関する事件又は自己若しくはこれらの者の従事する業務に直接の利害関係のある事件については、監査することができない。

（代表監査委員）

第一九九条の三
一　監査委員は、その定数が四人又は三人の場合にあっては識見を有する者のうちから選任される監査委員の一人を、二人の場合にあっては識見を有する者のうちから選任される監査委員を代表監査委員としなければならない。
二　代表監査委員は、監査委員に関する庶務を処理する。
三　代表監査委員に事故があるとき、又は代表監査委員が欠けたときは、監査委員の定数が四人又は三人の場合にあっては代表監査委員の指定する監査委員が、二人の場合にあっては他の監査委員がその職務を代理する。

（事務局と職員）
第二〇〇条　都道府県の監査委員に事務局を置く。
二　市町村の監査委員に条例の定めるところにより、事務局を置くことができる。
三　事務局に事務局長、書記その他の職員を置く。
四　事務局を置かない市町村の監査委員の事務を補助させるため書記その他の職員を置く。
五　事務局長、書記その他の職員は、代表監査委員がこれを任免する。
六　事務局長、書記その他の常勤の職員の定数は、条例でこれを定める。ただし、臨時の職については、この限りでない。
七　事務局長は監査委員の命を受け、書記その他の職員又は第一八〇の三の規定による職員は上司の指揮を受け、それぞれ監査委員に関する事務に従事する。

（準用規定）
第二〇一条
第一四一条第一項、第一五四条、第一五九条、第一六四条及び第一六六条第一項の規定は監査委員に、第一五三条第一項の規定は代表監査委員に、第一七二条第四項の規定は監査委員の事務局長、書記その他の職員にこれを準用する。

（条例への委任）

第二〇二条　この法律及びこれに基く政令に規定するものを除く外、監査委員に関し必要な事項は、条例でこれを定める。

四　川崎市市民オンブズマン条例

第一章　総則

（目的及び設置）

第一条　市民主権の理念に基づき、市民の市政に関する苦情を簡易迅速に処理し、市政を監視し非違の是正等の措置を講ずるよう勧告するとともに、制度の改善を求めるための意見を表明することにより、市民の権利利益の保護を図り、もって開かれた市政の一層の進展と市政に対する市民の信頼の確保に資することを目的として、本市に川崎市市民オンブズマン（以下「市民オンブズマン」という。）を置く。

（管轄）

第二条　市民オンブズマンの管轄は、市の機関の業務の執行に関する事項及び当該業務に関する職員の行為とする。ただし、次の各号に掲げる事項については、市民オンブズマンの管轄としない。
(1) 判決、裁決等により確定した権利関係に関する事項
(2) 議会に関する事項
(3) 川崎市個人情報保護条例（昭和六〇年川崎市条例第二六号）第三六条に規定する個人情報保護委員の職務に関する事項
(4) 川崎市人権オンブズパーソン（以下「人権オンブズパーソン」という。）に救済を申し立てた事項
(5) 職員の自己の勤務内容に関する事項
(6) 市民オンブズマン又は人権オンブズパーソンの行為に関する事項

（市民オンブズマンの職務）
第三条　市民オンブズマンは、次の職務を行う。
(1) 市民の市政に関する苦情を調査し、簡易迅速に処理すること。
(2) 自己の発意に基づき、事案を取り上げ調査すること。
(3) 市政を監視し非違の是正等の措置（以下「是正等の措置」という。）を講ずるよう勧告すること。
(4) 制度の改善を求めるための意見を表明すること。
(5) 勧告、意見表明等の内容を公表すること。

第二章　責務

（市民オンブズマンの責務）

第四条　市民オンブズマンは、市民の権利利益の擁護者として、公平かつ適切にその職務を遂行しなければならない。

二　市民オンブズマンは、その職務の遂行に当たっては、人権オンブズパーソンその他市の機関と有機的な連携を図り、相互の職務の円滑な遂行に努めなければならない。

三　市民オンブズマンは、その地位を政党又は政治的目的のために利用してはならない。

（市の機関の責務）

第五条　市の機関は、市民オンブズマンの職務の遂行に関し、その独立性を尊重しなければならない。

二　市の機関は、市民オンブズマンの職務の遂行に関し、積極的な協力援助に努めなければならない。

（市民の責務）

第六条　市民は、この条例の目的を達成するため、この制度の適正かつ円滑な運営に努めなければならない。

第三章　市民オンブズマンの組織等

（市民オンブズマンの組織等）

第七条　市民オンブズマンの定数は二人とし、そのうち一人を代表市民オンブズマンとする。

二　市民オンブズマンは、人格が高潔で社会的信望が厚く、地方行政に関し優れた識見を有する者のうちから、市長が議会の同意を得て委嘱する。
三　市民オンブズマンは、任期を三年とし、一期に限り再任されることができる。
四　市民オンブズマンは、別に定めるところにより、相当額の報酬を受ける。
（秘密を守る義務）
第八条　市民オンブズマンは、職務上知り得た秘密を漏らしてはならない。その職を退いた後も、また、同様とする。
（解嘱）
第九条　市長は、市民オンブズマンが心身の故障のため職務の遂行に堪えないと認める場合又は職務上の義務違反その他市民オンブズマンたるにふさわしくない非行があると認める場合は、議会の同意を得て解嘱することができる。
（兼職等の禁止）
第一〇条　市民オンブズマンは、衆議院議員若しくは参議院議員、地方公共団体の議会の議員若しくは長又は政党その他の政治団体の役員と兼ねることができない。
二　市民オンブズマンは、本市と特別な利害関係にある企業その他の団体の役員と兼ねることができない。

第四章　苦情の処理等

（苦情の申立て）
第一一条　何人も、市民オンブズマンに対し、市の機関の業務の執行に関する事項及び当該業務に関する職員の行為について苦情を申し立てることができる。
（苦情の申立手続）
第一二条　苦情を申し立てようとする者は、市民オンブズマンに対し、次の各号に掲げる事項を記載した書面により行わなければならない。ただし、書面によることができない場合は、口頭により申し立てることができる。
(1)　苦情を申し立てようとする者の氏名及び住所（法人その他の団体にあっては、名称、事務所又は事業所の所在地及び代表者の氏名）
(2)　苦情の申立ての趣旨及び理由並びに苦情の申立ての原因となった事実のあった年月日
(3)　その他規則で定める事項
二　苦情の申立ては、代理人により行うことができる。
（苦情の調査等）
第一三条　市民オンブズマンは、苦情の申立てが次の各号のいずれかに該当すると認める場合は、当該苦情を調査しない。
(1)　第二条ただし書の規定に該当するとき。

(2) 苦情を申し立てた者（以下「苦情申立人」という。）が苦情の申立ての原因となった事実について苦情申立人自身の利害を有しないとき。

(3) 苦情の内容が、当該苦情に係る事実のあった日から一年を経過しているとき。ただし、正当な理由があるときは、この限りでない。

(4) 虚偽その他正当な理由がないと認められるとき。

(5) その他調査することが相当でないと認められるとき。

二　市民オンブズマンは、前項の規定により苦情を調査しない場合は、その旨を理由を付して苦情申立人に速やかに通知しなければならない。

（関係する市の機関への通知等）

第一四条　市民オンブズマンは、申立てに係る苦情又は自己の発意に基づき取り上げた事案（以下「苦情等」という。）を調査する場合は、関係する市の機関に対し、その旨を通知するものとする。

二　市民オンブズマンは、苦情等の調査を開始した後においても、その必要がないと認めるときは、調査を中止し、又は打ち切ることができる。

三　市民オンブズマンは、申立てに係る苦情の調査を中止し、又は打ち切ったときは、その旨を理由を付して苦情申立人に速やかに通知しなければならない。

（調査の方法）

第一五条　市民オンブズマンは、苦情等の調査のため必要があると認めるときは、関係する市の機関に対し説明を求め、その保有する帳簿、書類その他の記録を閲覧し、若しくはその提出を要求し、又は実地調査をすることができる。

二　市民オンブズマンは、苦情等の調査のため必要があると認めるときは、関係人又は関係機関に対し質問し、事情を聴取し、又は実地調査をすることについて協力を求めることができる。

三　市民オンブズマンは、必要があると認めるときは、専門的技術的事項について、専門的機関に対し、調査、鑑定、分析等の依頼をすることができる。

（苦情申立人への通知）

第一六条　市民オンブズマンは、申立てに係る苦情の調査の結果について、苦情申立人に速やかに通知するものとする。ただし、第一九条第三項の規定により通知する場合は、この限りでない。

（勧告及び意見表明）

第一七条　市民オンブズマンは、苦情等の調査の結果、必要があると認めるときは、関係する市の機関に対し是正等の措置を講ずるよう勧告することができる。

二　市民オンブズマンは、苦情等の調査の結果、必要があると認めるときは、関係する市の機関に対し制度の改善を求めるための意見を表明することができる。

三　市民オンブズマンは、第一項の規定による勧告又は前項の規定による意見表明を行う場合において、必要があると認めるときは、人権オンブズパーソンに対し、共同で行うよう求めることができる。

（勧告又は意見表明の尊重）

第一八条　前条の規定による勧告又は意見表明を受けた市の機関は、当該勧告又は意見表明を尊重しなければならない。

（報告等）

第一九条　市民オンブズマンは、第一七条第一項の規定により勧告したときは、市の機関に対し是正等の措置について報告を求めるものとする。

二　前項の規定により報告を求められた市の機関は、当該報告を求められた日から六〇日以内に、市民オンブズマンに対し是正等の措置について報告するものとする。

三　市民オンブズマンは、申立てに係る苦情について第一七条の規定により勧告し、若しくは意見を表明したとき、又は前項の規定による報告があったときは、その旨を苦情申立人に速やかに通知しなければならない。

（公表）

第二〇条　市民オンブズマンは、第一七条の規定による勧告若しくは意見表明又は前条第二項の規定による報告の内容を公表する。

二　市民オンブズマンは、前項の規定による勧告、意見表明及び報告の内容を公表するに当たっては、個人情報等の保護について最大限の配慮をしなければならない。

第五章　補則

（事務局）

第二一条　市民オンブズマンに関する事務を処理するため、事務局を置く。

二　市民オンブズマンの職務に関する事項を調査する専門調査員を置くものとする。

（運営状況の報告等）

第二二条　市民オンブズマンは、毎年、この条例の運営状況について市長及び議会に報告するとともに、これを公表する。

（委任）

第二三条　この条例の施行について必要な事項は、市長が定める。

附則

（施行期日）

一　この条例の施行期日は、市長が定める。

（平成二年一〇月一六日規則第七六号で平成二年一一月一日から施行）

（経過措置）

二　この条例は、この条例の施行の日（以下「施行日」という。）の一年前の日から施行日までの間にあった事実に係る苦情についても適用し、当該一年前の日前にあった事実に係る苦情については、適用しない。

附則（平成一三年六月二九日条例第一九号）抄

（施行期日）

一　この条例の施行期日は、市長が定める。

（平成一四年三月二九日規則第四四号で平成一四年四月一日から施行。ただし、同条例第四章の規定及び同条例附則第五項中川崎市市民オンブズマン条例（平成二年川崎市条例第二二号）第一七条に一項を加える改正規定は、同年五月一日から施行）

附則（平成一四年一〇月八日条例第三八号）

この条例は、平成一四年一一月一日から施行する。

附則（平成一六年一二月二二日条例第五三号）抄

（施行期日）

一　この条例は、平成一七年四月一日から施行する。

〔参考文献〕

（公刊されている文献）

＊フランク・スティシイ、宇都宮、砂田監訳『オンブズマンの制度と機能―世界10か国の比較研究―』東海大学出版会、一九八〇年

＊全国市民オンブズマン連絡会議編『日本を洗濯する―自治体を市民の手にとりもどす方法―』教育資料出版会、一九九八年

＊辻公雄『実践的市民主権論―市民の視点とオンブズマン活動―』花伝社、一九九八年

＊窪則光『この指とまれオンブズマン』花伝社、一九九九年

＊仙台市民オンブズマン『官壁を衝く』毎日出版社、一九九九年

＊吉武真理『入門北欧のオンブズマン―民主主義国家という体に流れる血液―』ビネバル出版、二〇〇〇年

＊阿部敦『オンブズマン活動参加者の価値指向性―市民社会領域の現状と課題―』大阪公立大学共同出版会、二〇〇五年

＊総務庁行政監察局監修『オンブズマン制度―行政苦情救済の新たな方向―』第一法規出版、一九八六年

＊関哲夫『自治体の法務と争訟』学陽書房、一九八九年
＊平松毅「オンブズマン制度」雄川、塩野、園部編『現代行政法体系3』有斐閣、一九八四年
＊小島武司、外間寛編『オムブズマン制度の比較研究』中央大学出版部、一九七九年
＊園部逸夫『オンブズマン法』弘文堂、一九八九年（増補補正版一九九二年、新版〔枝根茂と共著〕一九九七年）
＊前川清治『解説と資料―川崎市の市民オンブズマン制度―』自治体研究社、一九九一年
＊安藤高行『情報公開・地方オンブズマンの研究―イギリスと日本の現状―』法律文化社、一九九四年
＊安藤高行『現代の行政活動と市民―情報公開・地方オンブズマン・センサス法の研究―』法律文化社、二〇〇七年
＊安藤高行『憲法の現代的諸問題―情報公開・地方オンブズマン・議員免責特権・良心の自由―』法律文化社、一九九七年
＊潮見憲三郎『オンブズマンとは何か』講談社、一九九六年
＊東京都住民監査請求研究会『住民監査請求の実務―事例・解説集―』ぎょうせい、一九九六年
＊池田昭義『外部監査ハンドブック』ぎょうせい、一九九七年
＊神原勝『市民自治の制度開発』北海道町村会、一九九七年
＊今川晃『行政の透明性』第一法規出版、一九九七年

*篠原一、林屋礼二編著『公的オンブズマン―自治体行政への導入と活動―』信山社、一九九九年
*清原慶子『三鷹が創る「新自治体時代」―21世紀をひらく政策のかたち―』ぎょうせい、二〇〇〇年
*宇都宮深志『公正と公開の行政学―オンブズマン制度と情報公開の新たな展開―』三嶺書房、二〇〇一年
*林屋礼二『オンブズマン制度―日本の行政と公的オンブズマン―』岩波書店、二〇〇二年
*潮見憲三郎『スウェーデンのオンブヅマン』核心評論社、一九七九年
*D・C・ローワット、川野秀之監訳『世界のオンブズマン構想』早稲田大学出版部、一九八九年
*守屋俊晴『地方自治の情報公開と監査』中央経済社、一九九七年
*宮元義雄『官官接待と監査―情報公開と市民オンブズマン―』学陽書房、一九九七年
*川崎市市民オンブズマン事務局『川崎市民オンブズマンハンドブック』ぎょうせい、一九九一年
*地域主権研究会『日本を元気にする地域主権』PHP研究所、二〇〇八年
*原口一博『民主党が日本を変える！　地域主権改革宣言』ぎょうせい、二〇一〇年
*岡田知弘『増補版・道州制で日本の未来はひらけるか』自治体研究社、二〇一〇年
*小山秋義『地方自治体を裸にする』東洋経済新報社、一九七九年
*佐藤竺「オンブズマン制度と統治構造」『成蹊法学』二四号（一九八六年）
*篠原一「オンブズマン制度の出発―川崎市の市民オンブズマン実施の経緯と課題―」『ジュリスト』

九六六号（一九九〇年）
＊久保康彦「自治体オンブズマン制度の現状と課題」『地域政策研究』六巻四号（二〇〇四年）
＊林修三「日本的オンブズマン制度の構想について」『法律時報』臨時増刊号（一九八一年）
＊植松健「国際オンブズマン・シンポジウムの結果と行政相談制度」『ジュリスト』一〇五四号（一九九四年）
＊枝根茂「世界九カ国のオンブズマン制度の現状と課題（上）」『ジュリスト』一〇五四号（一九九四年）
＊園部逸夫「オンブズマン制度の導入について」『ジュリスト』八六八号（一九八六年）
＊佐藤英世「わが国のオンブズマン制度の諸問題（一）（二）（三）」『産大法学』三〇巻二号（一九九六年）、三〇巻三・四号（一九九七年）、三一巻一号（一九九七年）
＊風間規男「オンブズマン制度の政策過程─川崎市市民オンブズマン制度の行政統制機能─」『近畿大学法学』四三巻二、三、四号（一九九六年）
＊菊地秀典「川崎市市民オンブズマン制度の実際」『東洋法学』三九巻一号（一九九五年）
＊林修三「日本的オンブズマン制度の構想について」『法律時報』臨時増刊号（一九八一年）
＊阿部康隆「住民訴訟、住民監査請求の改革」『自由と正義』二〇〇九年八月号
＊森長秀「公的オンブズマン制度に関する一考察─一般型オンブズマンと福祉オンブズマンとの比較を踏

まえて―」『法政論叢』三八巻二号（二〇〇二年）
＊成田頼明「国民の信頼を得るための行政システム変革の時代」『行政苦情救済&オンブズマン』一一号（二〇〇三年）
＊平松毅「行政相談とオンブズマンの棲み分け」『行政苦情救済&オンブズマン』二号（二〇〇一年）
＊宇都宮深志「地方オンブズマン制度の現状と今後の展開」『行政苦情救済&オンブズマン』三号（二〇〇一年）
＊畠基晃「ドイツ国会の防衛オンブズマン―防衛監察委員制度―」『立法と調査』二〇〇九年二月号

（公刊されていない文献）
＊衆議院調査局（山本浩慎）『衆議院調査局調査レポート：議会と会計検査院、オンブズマン―委員会の調査・審議における行政監視機関の活用―』二〇〇七年一一月
＊衆議院憲法調査会事務局（衆憲資第四二号）『「人権擁護委員会その他の準司法機関・オンブズマン制度」に関する基礎的資料』二〇〇四年三月
＊衆議院憲法調査会事務局（衆憲資第五七号）『「議会オンブズマンその他の行政に対するチェックの仕組み」に関する基礎的資料』二〇〇四年一〇月
＊総務省行政評価局行政相談課『アジアにおけるオンブズマン制度と我が国の行政相談制度との比較調査

研究報告書』二〇〇二年
＊総務省行政評価局行政相談課『学界等における行政苦情救済・オンブズマン制度の評価等に関する調査研究結果報告書』二〇〇一年
＊自治体国際化協会『オーストラリアにおけるオンブズマン制度と情報公開法について』一九九八年
＊地方自治研究資料センター『都市における監査委員制度の実態調査』一九八一年
＊福岡市公的オンブズマン研究会『福岡市にふさわしいオンブズマン制度のあり方に関する調査研究書』二〇〇三年三月
＊道政改革推進委員会『地方自治体における行政オンブズマン制度フォーラム報告書』一九九八年八月
＊森稔樹『川崎市市民オンブズマン条例についての考察―行政法学の観点から、そして川崎市民としての立場から―』一九九二年九月
＊土井彰『わが国も厳しく行政チェックする「公的」オンブズマンを』二〇〇八年七月
＊川崎市市民オンブズマン事務局編『川崎市市民オンブズマンハンドブック』一九九一年
＊高山由美子『自治体におけるオンブズマンシステムの機能とオンブズマンの技術に関する研究』二〇〇七年
＊行政改国民会議・地方分権研究会報告書『地方主権の提唱』一九九〇年一一月
＊関西経済同友会『憲法改正と廃県置州により実現する地域主権』二〇〇六年四月

＊日本経済団体連合会『道州制の導入に向けた第2次報告』二〇〇八年一一月
＊日本商工会議所『地域活性化に資する地方分権改革と道州制の推進について』二〇〇九年四月
＊経済同友会『地域主権型道州制の導入に向けて〈中間報告書〉』二〇〇九年一〇月
＊宮城県県政オンブズマン事務局編『宮城県県政オンブズマン10周年記念誌』二〇〇六年一〇月

索　引

け

こ

さ

し

す

せ

は

ふ

ほ

ま

み

め

ゆ

土屋英雄（つちや　ひでお）

神戸大学大学院教授を経て、現在、筑波大学大学院教授。

弁護士（東京弁護士会）。公益通報者保護特別委員会。

つくば市公的オンブズマン（2006 年 4 月～ 2010 年 3 月、2 期満了）。

(中国) 北京日本学研究センター、(豪州) クィーンズランド大学ロースクール、(米国) コロンビア大学ロースクール、(スイス) ジュネーブ大学複合学部において客員教員、客員研究員。

公的オンブズマンの存在意義と制度設計

2010年10月1日　　初版第 1 刷発行

著者 ――― 土屋英雄
発行者 ―― 平田　勝
発行 ――― 花伝社
発売 ――― 共栄書房
〒101-0065　東京都千代田区西神田2-7-6 川合ビル
電話　　03-3263-3813
FAX　　03-3239-8272
E-mail　kadensha@muf.biglobe.ne.jp
URL　　http://kadensha.net
振替　　00140-6-59661
装幀 ――― 長谷川徹
印刷・製本 ― シナノ印刷株式会社

ISBN978-4-7634-0584-5 C0036